뜻밖의 업무 역량, 스토리텔링

뜻밖의 업무 역량, 스토리텔링

청중을 움직이는 인류의 가장 오래된 비법

초판 1쇄   2022년 2월 11일

지은이 재닌 커노프·리 라자루스
옮긴이 이미경
발행인 최홍석

발행처 (주)프리렉
출판신고 2000년 3월 7일   제 13-634호
주소 경기도 부천시 원미구 길주로 77번길 19 세진프라자 201호
전화 032-326-7282(代)   **팩스** 032-326-5866
URL www.freelec.co.kr

편 집 박영주
표지 디자인 황인옥
본문 디자인 박경옥

ISBN 978-89-6540-327-2

재닌 커노프·
리 라자루스 지음
이미경 옮김

뜻밖의 **업무 역량,** 스토리텔링

청중을
움직이는
인류의
가장 오래된
비법

EVERYDAY BUSINESS STORYTELLING

프리렉

EVERYDAY BUSINESS STORYTELLING: Create, Simplify, and Adapt a Visual Narrative
for Any Audience

추천사

"우리는 스토리텔링을 네슬레Nestlé의 최우선 과제로 삼았으며, 재닌과 리의 유능한 팀과 협력하여 우리 영업자들의 기술과 속도, 민첩성을 향상시켰습니다. 저는 그들의 놀랍도록 간단하고 논리적인 방법론의 열렬한 팬입니다. 만일 당신의 조직이 비즈니스 스토리텔링에 대해 진지하게 고민하고 있다면, 이 매우 유용한 자료가 필요할 것입니다."
———— **짐 코인**Jim Coyne 네슬레 미국지사 영업부장

"당신은 몸담은 조직에서 가장 재능 있는 사람들을 데리고 있을 수도 있습니다. 그러나 그들이 정보를 어떻게 영향력 있는 이야기로 바꾸는지 모르는 경우, 힘든 도전에 직면하게 될 것입니다. 여기 비즈니스 스토리를 만드는 가장 실용적이고 따라 할 만한 방법이 있습니다. 사람들에게 영감을 주고, 행동하도록 동기를 부여하고자 하는 리더와 팀에게 매우 귀중한 자원입니다."
———— **셰인 월**Shane Wall 백악관 과학기술 분야 대통령 자문관, 전 HP 최고기술책임자

"이 책은 제대로 핵심을 찌릅니다. '우리는 늘 개인적인 이야기로 다른 사람들을 끌어들이는데, 왜 우리 사업을 추진하는 데에는 이런 기술을 쉽게 사용할 수 없을까?' 재닌과 리의 책은 분명 비즈니스 스토리텔링으로 가는 쉽고 훌륭한 길이 될 겁니다."
———— **마이클 스트립랜드**Michael Streefland 넷플릭스, 월트 디즈니, 페이스북의 임원
커뮤니케이션 컨설턴트

"영업 리더의 성과에 직접적인 영향을 미칠 수 있는 파트너를 찾는 일은 드뭅니다. 재닌과 리는 2014년부터 우리 성공에 중요한 도움이 되어 왔고, 우리 영업 리더들이 더 나은 이야기를 할 수 있도록 힘을 실어주었습니다."
———— **로라 모라로스**Laura Moraros 페이스북 글로벌 마케팅 솔루션 학습 및 지원부장

"직원들에게 청중 중심의 비즈니스 스토리를 만들고 공유하는 법을 가르쳐줄 포괄적인 인재 개발 솔루션을 찾기란 늘 힘든 일이었습니다. 이 접근법은 누구나 공감할 수 있는 실제 시나리오와 사례 연구를 기반으로 합니다. 스토리텔링 기술을 업그레이드하고 비즈니스 대화를 진전시키고 싶다면, 꼭 이 책을 읽어 보세요!"

—— 스테이시 살바라지오Stacy Salvalaggio 아리치아Arizia 소매 운영 부사장, 전
맥도날드 교육/개발 글로벌 수석 이사

"리와 재닌은 우리가 기술 정보를 변환하여 일상적인 의사소통에서 소화 가능하게 만들 수 있다는 것을 보여주었습니다. 필독서입니다. 브라보!"

—— 아예렛 슈타이니츠Ayelet Steinitz 마이크로소프트 글로벌 전략 제휴 책임자

"비즈니스 스토리텔링의 가치를 파악하셨다면 이 책은 매우 중요한 책입니다. 단순한 구조를 제공할 뿐 아니라, 실제 상황에 따라 내러티브를 '유연하게 조정할' 방법을 제시합니다. 제가 읽은 책 중 가장 생산성이 높은 책입니다!"

—— 조시 코이Josh Coy 매리어트인터내셔널 호텔 오프닝-교육 이사

"스토리텔링은 우리 조직에서 영감을 주는 리더가 되기 위한 중요한 요소입니다. 우리는 이 프레임워크를 최고 인재 및 리더십 프로그램에 통합함으로써 대화와 회의, 프레젠테이션에 접근하는 방식을 재조정하기 시작했습니다. 저는 리, 재닌과 함께 포춘지 500대 기업 두 곳에서 일한 적이 있는데, 이 책은 사람들이 복잡한 정보를 빠르게, 실용적으로 해독할 수 있게 하는 그들의 재능을 잘 담고 있습니다."

—— 샤론 브리튼Sharon Briton 메드트로닉 글로벌 인재 및 리더십 개발 이사

"비즈니스 및 인재 풀에 직접적인 영향을 미칠 수 있는, '무논리적이지 않고' 반복 가능한 방법론은 그리 자주 찾을 수 없습니다. 우리는 2015년부터 이 스토리텔링 원칙을 채택했고, 지금까지 한 번도 뒤돌아본 적이 없습니다. 실로 '필수' 가이드입니다!"

—— 제인 호스키슨Jane Hoskisson 국제항공운송협회IATA 교육/개발 이사

"《뜻밖의 업무 역량, 스토리텔링(Everyday Business Storytelling)》에서 리와 재닌은 이야기를 나눕니다. 이 주제에 관한 놀라운 강사 주도 수업을 경험한 저는, 이 책이 어느 모로 보나 생동감 있고, 시각적으로 교육적이며, 좋은 내용으로 요약되는 것을 보고 감격스러웠습니다…… 그들의 조언을 따른다면, 당신의 프레젠테이션도 마찬가지일 겁니다."
　　—— 수즈 한Suz Han 다임러 교육 및 개발 매니저

"할리우드의 스토리텔링과 비즈니스의 차이는 생각만큼 극명하지 않습니다. 작문에서 플롯은 갈등을 통해 등장인물들을 끌어가지만, 사실 이야기야말로 우리가 관심을 갖는 이유입니다. 비즈니스에서 기업이 고객들에게 그들이 관심 있는 이야기를 한다면, 그 회사의 제품은 더욱 적절하고 바람직해질 것입니다. 모든 기업은 할리우드 엔딩을 원합니다. 바로 성공 스토리죠. 이 책은 어떤 비즈니스를 위해서든 그 대본을 쓰는 데 도움을 줄 수 있습니다."
　　—— 론 라파포트Ron Rappaport 넷플릭스 각본가 겸 프로듀서

"세상은 데이터로 넘쳐나고 있지만 더 나은 의사 결정을 위해 데이터를 사용할 간단하고 논리적인 방법은 부족합니다. 스토리텔링은, 의심의 여지없이 우리가 가야 할 길입니다. 이 책에서 포착된 스토리텔링 접근법은 우리 팀의 판도를 바꾸어 놓았습니다. 동전 한 푼까지도 가치 있는 투자였습니다!"
　　——브라이언 이아소Brian Iaakso 콜롬비아 스포츠웨어 선임 공급망 프로세스 분석가

"우리 모두는 타고난 이야기꾼이며, 우리에게 영감을 주는 친인들과 소통할 때 더욱 잘하곤 합니다. 저는 재닌과 리가 애플과 페이스북에서 협업하는 수백 명의 사람들 가운데서 이런 기술을 연마하는 것을 보았고, 그들이 모든 수준의 리더에게 빠르게 도움이 될 이 책에서 그 독특한 접근법을 공유하고 있다는 사실을 기쁘게 생각합니다."
　　—— 톰 플로이드Tom Floyd 전 페이스북 효율성 책임자, Fouracity 창립자

"우리 팀은 언제나 머릿속에서 정보를 꺼내는 데엔 능숙한 반면, 청중들의 관심을 끄는 데는 그리 뛰어나지 못했습니다. 이를 개선하고자 우리는 리, 재닌과 10년 넘게 함께 일해 왔습니다. 그들의 없어서는 안 될 스토리텔링 책을 손에 넣게 되어 흥분됩니다!"

　　──**메건 게일리**^{Megan Gailey} 맥심 인터그레이티드 기업서비스 전무 이사

"재닌과 리는 스토리텔링 문화를 구축해야 할 필요성을 강조합니다. 또 재료, 과학 그리고 모든 관객에게 다가가 행동을 끌어낼 각색 등, 강력하고 진정성 있는 내러티브를 구축하기 위한 레시피를 제공합니다."

　　──**캐서린 라코어**^{Catherine Lacour} 블랙바우드 최고마케팅책임자

"우리는 종종 숫자를 이야기로 바꿀 필요가 있다는 말을 듣는데…… 이 책은 바로 그 일을 합니다! 지금까지 포춘지 선정 500대 기업 고객과만 공유되었던 이런 실용적인 스토리텔링 방식을 공유해 주신 데 감사드립니다."

　　──**로렌 골드슈타인**^{Lauren Goldstein} ANNUITAS 수석 및 최고예산책임자, 수익여성협회 공동 창립자 겸 이사회 멤버

옮긴이의 글

스토리텔링은 마치 '식단조절'과 같다. 알아도 실천하기 힘들다. 건강을 유지하기 위해 자극적인 음식을 피하고, 채소와 단백질 위주의 식단을 따른다. 비결이랄 것도 없이 모두가 아는 사실이다. 하지만 그것을 당장 실천에 옮기고, 습관으로 만들어서, 건강이라는 목적에 도달하기란 결코 쉽지 않다. 혼밥을 하지 않는 한, 같이 식사하는 동료들에게 유별나게 인식될 거란 걱정도 한 몫 한다.

마찬가지로 비즈니스에서 스토리텔링은 결코 쉬운 일이 아니다. 인간이 처음 언어로 소통을 시작했을 때, 책조차 발명되기 이전. 영웅들과 신의 이야기가 입에서 입으로 전해지면서부터 시작된 스토리텔링은 한시도 인류의 곁을 떠난 적이 없다. 그리고 오늘날. 콘텐츠 홍수 속 우리는 여전히 온갖 미디어에서 자연스럽게 스토리텔링을 접하지만, 유독 우리 자신의 비즈니스에 스토리텔링을 끼워 넣는 일은 아직도 자연스럽게 받아들이지 못한다.

일반적으로 글이라 하면 서론, 본론, 결론으로 나뉘고, 업무용 보고서라면 또 그 나름대로의 양식을 따르기 마련이다. 그런데 이 책에서는 이러한 형식을 넘어서, 모든 비즈니스 문서에 전체적인 맥락을 가진 스토리를 갖추라고 종용한다. 아무리 딱딱한 보고서라도 해도 마찬가지다. 파격적으로 들리지만, 이렇게 소설이 아닌 '문서'에 스토리텔링을 적용한다는 개념은 사실 생소하지 않다. 이력서나 자

기소개서에 대단할 것 없는 나의 이력을 줄줄이 나열하는 것이 아니라, 내가 겪어온 사건들을 스토리로 엮어서 좀더 인간적이고 읽기 좋게 만드는 일에 다름 아니다. 고개를 끄덕일 일이다.

그런데 우리는 '자소서 잘 쓰는 법' 등을 기껏 잘 검색해 놓고도, 정작 실천은 내 몫이 아니라고 생각한다. 어딘지 오글거린다고 여기거나, 필요성을 느낀다 해도 막상 어떻게 해야 할지 막막할 따름이다. 설사 실천한다 해도 주위에서 어떻게 받아들일까 하는 우려도 있고, 작심삼일이라는 또 다른 산을 넘어 온전히 내 습관으로 만들기까지 끝이 보이지 않는다. 끝이 있기나 한지도 모르지만, 혹 있다 해도 확실한 성공에의 희망은 더욱 딴 세상 이야기만 같다. 이런 겹겹이 둘러친 핑계의 벽들을 하나씩 걷어 내기 위해, 이 책의 두 저자가 구사하는 전략은 꽤 효과적이다.

두 저자는 마치 영화 〈인셉션Inception〉에서 인물들에게 무의식을 주입하듯이, 매 장마다 일반적인 문서에도 스토리텔링이 필요하다고 말하며 '비즈니스 스토리텔링'의 아크를 독자의 머릿속에 차근차근 쌓아올린다. 그리고 그 한 톨 한 톨은 버릴 것이 없다. 두 자매가 거쳐온, 그리고 현재도 진행 중인 다양한 기업에서의 생생한 체험이, 사람들을 지도하면서 얻은 경험과 지식이 그대로 녹아 있다. 스타트업을 설립하거나 운영한 경험이 있는 분들, 또

는 팀을 이끌어 가는 리더의 위치에 있는 분들, 그리고 수시로 기획서나 보고서를 처리해야 하는 모든 분에게 이 책은 그만큼 더욱 절실하게 다가올 것이다. 역시 작은 기업을 운영하고 있을뿐더러, 20년 이상을 큰 기업에 몸담으면서 상사, 직원, 동료 그리고 다양한 청중을 대상으로 PT를 진행한 개인적 경험에 비추어 보면, 저자의 외침은 더욱 현실감 있게 다가온다.

두 저자가 말하는 스토리텔링은 재미난 이야깃거리를 위해 무한 상상력을 발휘하라는 의미가 아니다. 비즈니스 스토리텔링이란, 우리가 다른 시각으로 비즈니스 커뮤니케이션에 접근해야 함을 전제로 한다. '지금 우리가 만드는 보고서와 발표 자료에 담길 내용이, 해결하고자 하는 문제의 본질을 얼마나 정확하게 이해하고 있고, 이해시킬 수 있을 것인가?' 이처럼 다른 관점에서 문제를 바라보도록 하고, 그럼으로써 문제의 핵심을 정확히 돌출시키는 것이 스토리텔링의 첫 번째 목적이다.

여기서 저자들이 특히나 공포스럽다고 강조하는 것이 있다. '프랑켄데크Frankendeck'다. 이 생소한 단어는 무시무시하게 들리지만, 실은 우리 컴퓨터 하드나 클라우드에 잠든 PT 자료에서 쉽게 발견할 수 있다. 우리가 하고자 하는 PT가 문제의 본질과

분리되었을 때, 즉 온갖 습관화된 양식과 잡동사니 사이를 이리저리 굴러다니며 몸을 불리고 있을 때, 우리는 어느새 바로 그 분, '프랑켄데크'를 영접하게 된다. 수년 전, 이례 없이 현실적이라는 이유로 회자되었던 드라마 〈미생〉의 그 유명한 프레젠테이션 장면을 혹시 본 적이 있다면, 관습이라는 틀에 박힌 프레젠테이션에서 탈피하는 것이 청중과 우리 자신에게 어떤 효과를 가져오는지 수긍할 수 있을 것이다.

당장 PT를 성공적으로 끝내야 한다는 압박은 잠시 접어두고, "이 PT를 왜 해야 하는가?"라고 자문해 보자. PT의 목적, 관련된 배경, 해결해야 할 문제들을 따져 나가다 보면, 저자들이 풀어놓은 스토리의 기본 지표 4가지와 자연스레 맞닥뜨리게 된다. 이 기본 틀 안에 내 회사의 여러 가지 상황을 재료 삼아 적절하게 배치하고 다듬는 것이 곧 스토리텔링이다. 쉽지 않은가?

일단, 그 공포스럽다는 프랑켄데크를 우리 문서에서 어떻게 제거할 수 있는지 꼼꼼한 두 저자와 함께 무작정 따라 해 보는 것부터 시작하자. 지금 내 앞 노트북 속에서, 내 부서 안에서 프랑켄데크의 존재를 발견하게 된다면, 그 순간이 독자들의 스토리텔링을 향한 첫 걸음이 되기를 진심으로 바란다.

옮긴이 이미경

차례

스토리텔링은 비즈니스를 성사시키는 방법입니다

여러분은 이야기를 사랑합니다. 우리는 모두 이야기를 사랑합니다. 누구나 좋은 이야기를 사랑합니다(우리는 인간이니까요!). 그럼에도 다들 일상적인 비즈니스에 스토리텔링을 도입하는 것은 어렵다고 생각하지요. 왜일까요? 왜냐하면 우리는 할리우드 시나리오 작가나 광고 전문가가 아니기 때문입니다. 우리는 회사의 내부와 외부, 조직 내 모든 부서를 대상으로 발표해야 하는 직장인입니다. 그것도 대개 **썩 매력적이지 않은 내용**입니다. 분기별 심층 분석QBR, Quarterly Business Review이라든가, 제품 업데이트, 변화 대응 관리 계획 같은 것들이지요. 우리 대부분은 스토리텔링을 일상적인 업무에 어떻게 접목시킬지에 대한 감이 없습니다.

대신, **우리는 할 줄 아는 것에 안주합니다.** 기존 콘텐츠를 십분 활용하여 '빠른 수정'을 진행합니다. 우리(또는 동료)가 최근에 만든 슬라이드에서 출발해, 슬라이드들을 꿰맞춥니다. 글머리 기호 텍스트를 가득 채우고, 우리가 찾을 수 있는 모든 차트를 갖다 붙입니다. 사내 포털에 돌아다니는 마케팅 팀의 '예쁜' 슬라이드도 빼놓지 않습니다. 우리에게는 이런 종류의 일관성이 없는, 뒤죽박죽이 된 커뮤니케이션을 뜻하는 전문 용어가 있습니다. 바로 프랑켄데크Frankendeck('프랑켄슈타인 자료'라는 뜻으로, 이것저것 마구 뒤섞어 놓은 잡동사니를 가리킴 -역주)입니다.

여러분도 익히 보셨을 겁니다. 프랑켄데크는 회의 자리에 출몰하며, 받은 편지함에도 차고 넘칩니다. 결과는 공포스럽습니다! 청중은 혼란에 빠진 채 방치됩니다. 명확한 메시지나 콜 투 액션call to action(마케팅이나 판매 촉진을 위해 소비자가 어떤 행동을 하도록 유도하거나 요청하는 행위 -역주)이 없습니다. 결국에는, 비즈니스를 성사시키기 위한 의사 결정에 영향을 미칠 수 있는 기회를 놓치게 됩니다.

더 이상 프랑켄데크는 안 됩니다. 모두 동의하시나요?

만일 여러분(또는 여러분의 팀)에게 이야기 구성에 도움이 될, 간단하면서도
반복해서 사용할 수 있는 실용적인 스토리텔링 접근법이 있고, 시각적 전략이 이를
뒷받침해 준다면 어떨까요? 여러분이 무작정 따라 하기만 하면 단숨에 이야기가
만들어지는 프레임워크가 있다면요? 언제든지 말예요. 우리가 20년에 걸쳐 연구한
결과입니다. 언어와 시각적 측면에서 비즈니스 커뮤니케이션의 제2의 천성인,
스토리텔링storytelling입니다. 이제 대충하지 마세요. '순식간에 처리'하면 결과는 없습니다.
더 이상 프랑겐데크는 안 됩니다.

프랑켄데크는 좋은 아이디어가
분실되고 의사 결정이
정체되는 곳입니다.

저항이 있다는 것을 충분히 알고 있습니다

다 들립니다. 바쁘시지요. 여러분은 시간이 없어요. 다양한 니즈를 가진 복잡한 청중
앞에서 프레젠테이션해야 합니다. 여러분의 상사는 큰 뜻이 담긴 '스토리'를 들어줄 만큼
참을성이 없습니다. 그녀는 자신의 윗선에게 보여줄 슬라이드 단 3개만을 요구합니다.
아, 방금 사내 '브랜드 경찰'(조직 전체에 걸쳐 브랜드 일관성을 유지하는 목적을 가진 팀이나
개인 -역주)로부터 정해진 템플릿이나 그래픽을 사용하라는 지시가 내려왔군요. 그러실
거예요! 여러분의 고충이 느껴집니다. 우리도 그랬으니까요.

바로 이것이, 우리가 이 책을 쓴 이유입니다.

모든 사람이 비즈니스에서 매일 사용할 수 있는
적절하고 실용적인 스토리텔링

우리는 '비즈니스 종사자 누구나가 매일 사용할 수 있는 적절하고 실용적인 스토리텔링'
이라는 간단한 접근 방식으로, 여러분의 스토리텔링에 대한 벽을 없애려고 합니다.
여러분은, 여러분이 늘 직면하는 시나리오에 기반한 이 책의 예시로부터 영감을 얻을
수 있을 것입니다. 가령, 발표 시간이 30분에서 5분으로 확 줄었다는 말을 듣는다면
스토리를 어떻게 조정하실 건가요? 이제 걱정하실 필요 없습니다. 이런 긴박한 순간에도
쉽게 손볼 수 있는 비주얼 스토리텔링 프레임워크를 배우게 될 테니까요.

비주얼 프레젠테이션, 원격 회의, 그 외
모든 것에 유용한 스토리 전략

여러분은 이 책의 예시들이 거의 시각 자료라는 사실을 발견하게 될 것입니다. 왜일까요?
시각 자료는 여러분의 스토리에 인간성을 부여하고, 감정을 형성하고, 사람들의 행동을
자아내는 강력한 방법이기 때문입니다(〈1장: 뇌과학자들을 만나보세요〉 참조). 하지만
유의할 것이 있습니다. 시각 자료들이 막강한 효과를 발휘하려면, 스토리의 가치를
떨어뜨리지 않으면서 스토리를 뒷받침하고 궁극적으로 강화해야 합니다. 이는, 여러분이
회의실(또는 원격 회의실)에서 메시지를 전달하는 '스토리텔러'가 아닌 경우에 더욱
그렇습니다.

우리는 시각 자료가 아닌 예들도 준비했습니다. 중요한 이메일이나 한페이지 문서 같은,
시각적이지 않은 것들에서도 스토리 구조는 여전히 효과를 발휘합니다.
한마디로, 여러분이 말하고, 발송하고, 전달하고, 발표하는 **모든 일들에 스토리 구조를
적용하는 방법**을 알려드릴 것입니다.

실리콘밸리 출신의 두 자매가
비즈니스 스토리텔링을 어떻게 알겠냐고요?

2001년, 닷컴 회사들이 일제히 도산하고, 기업들은 규모를 축소했으며, 신생 기업들 대부분이 사라졌습니다. 우리 두 사람은 수년간 기술 분야에서 일하며 이 상황을 목격했습니다. 재닌Janine은 야후Yahoo!의 글로벌 영업 교육팀 소속이었고(이후에는 인터넷 생방송 진행), 리Lee는 실리콘밸리에서 가장 빠르게 성장하고 있는 인터넷 및 통신 시장조사 기업 두 곳의 마케팅 커뮤니케이션 책임자였습니다.

우리는, 스토리 없이 빽빽한 데이터들로 횡설수설하는 파워포인트 프레젠테이션을 수없이 보아 왔습니다. 도대체 무엇을 알아야 하고, 무엇을 해야 할지 당혹해하는 청중의 모습도 보았습니다. 우리는 그때 아이디어를 전달하는 방식이 달라져야 한다고 생각했습니다. 우리는 의기투합했고 지금의 '더 프레젠테이션 컴퍼니The Presentation Company, TPC'를 설립했습니다.

그 후 20년 동안, 인증 받은 여성 오너의 교육기업으로서, 다국적 기업과 포춘지 선정 500대 기업을 상대로, 청중과 강력하게 교감하는 비주얼 스토리텔링 워크숍을 진행해 왔습니다. 우리는 경이롭고 초인적인 팀을 이루었고, 수상 경력이 있는 교육 및 도구를 개발했습니다. 이를 통해 사람들은 자신의 데이터와 통찰을, 청중 중심의 흥미진진한 비즈니스 이야깃거리로 바꿀 수 있는 자신감과 기술을 얻게 되었습니다. 우리는 페이스북Facebook, 네슬레Nestlé, 휴렛팩커드Hewlett-Packard, 메드트로닉Medtronic, 액센츄어Accenture, 메리어트Marriott, 맥도널드McDonald's, 애플Apple, 레고LEGO 등, 세계 굴지의 기업들을 지원하는 영광을 누렸습니다.

우리는 충분히 관찰했습니다

우리는 '간단한 스토리텔링 전략' 개발 과정에서, 속도, 업무 스타일, 문화 규범이 모두 다른 수백 개의 조직을 관찰했습니다. 초고속으로 변화하는 회사도, 공룡화되어 둔중해진 기업도 교육했습니다. 그러나 우리는 누구를 만나든지, 스토리텔링 문화를 가진 사람들이 진정으로 승리하고 있다는 것을 분명하게 알 수 있었습니다. 더 탄탄한 메시지에, 더 나은 팀워크, 훨씬 더 뛰어난 접근 방식으로 그들의 아이디어를 세상에 알리고 있었습니다. 한 가지가 더 있습니다. 풍부한 스토리텔링 생태계 안에서 성장하는 사람들은 자신의 경력에서도 빠르게 성장했습니다.

스토리텔링은 황금 경력입니다

지금까지 함께한 기업(경영자를 포함해서)들을 통해, 우리는 아이디어의 숙련, 청중과의 교감, 그리고 모든 사람이 원하는 막강한 능력을 구축하는 데 있어 스토리텔링이 얼마나 필수적인 요소인지 직접 확인했습니다.

최고 경영진에 건의를 하든, 제품 업데이트를 제공하든, 잠재 고객의 까다로운 질문에 응답하든 간에, 스토리 프레임워크를 구축하는 방법을 알면 여러분의 콘텐츠에 인간미를 부여하고, 양방향 대화를 이끌어 내고, 매순간 고객의 니즈를 충족시킬 수 있습니다.

스토리텔링은 여러분과 청중 모두에게 이야기가 어디를 향하고 있는지, 얼마나 진척되었는지에 대한 가이드를 제공함으로써, 여러분이 자신 있게 대화를 이끌어 나가도록 도와줄 것입니다. 이것이 얼마나 혼란과 지루함을 예방하는지 알게 되면 아마 놀라실 겁니다.

우리는, 이 간단한 몇 개의 지침과 도구들을 통해 **모든 사람이 훌륭한 비즈니스 스토리텔러가 될 수 있다는 확신**으로 이 책을 만들었습니다. 여러분도 훌륭한 비즈니스 스토리텔러가 될 수 있습니다. 우리와 함께 가시죠.

우리가 방법을 알려드리겠습니다.

Janine Lee

PART 1

짚고 넘어갑시다—

비즈니스 스토리텔링의 명성을 파헤쳐 볼까요?

1장

뇌과학자들을 만나보세요

우리는 모두 이야기를 사랑합니다. 동의하시죠? 비즈니스 스토리텔링은 아이디어를 설득하는 효과적인 방법으로 널리 알려져 있습니다. 우리가 좀전에 〈여는 글〉에서 언급한 대로요(놓쳤다면 다시 찾아보세요). 그러나 많은 비즈니스 종사자가 '스토리텔링'에 시간을 들일 가치가 없다고 여깁니다. 과장인 것 같답니다(우리가 가장 많이 듣는 말이죠). 그래서 우리는, 실제로 비즈니스 스토리 구축 방법에 들어가기 전에, 마지막으로 한 번 더, 비즈니스 스토리텔링이 쌓아올린 명성의 실체를 확실하게 파헤쳐 보려고 합니다.

로저 올콧 스페리에게 인사하세요

로저 올콧 스페리|Roger Wolcott Sperry는 우리의 두뇌에서 놀라운 사실을 발견했습니다. 그는 심한 간질 때문에 뇌량(뇌의 좌우 반구 사이의 연결부)을 절단한 한 남자를 연구했습니다. 다행히 뇌량의 절단은 그의 심한 발작을 진정시키는 데에 효과가 있었습니다. 이것은 캘리포니아 공과대학교California Institute of Technology의 정신생리학자 스페리에게, 뇌의 각 측면이 어떻게 독립적으로 기능하는지 관찰할 수 있는 기회가 되었습니다. 스페리는 뇌의 각 반구가 독자적인 인식과 개념, 충동에 의해 작동한다는 사실을 발견했습니다. 왼쪽은 논리적이고, 분석적이며, 언어와 관련이 있습니다. 오른쪽은 개념적이고 직관적이며 시각적인 것과 연관됩니다. 스페리의 분할 두뇌 연구는 1981년 노벨 의학상을 수상했습니다.[1]

신기하네요. 그런데 이것이 스토리텔링과 무슨 상관이 있죠?

많은 신경과학자가 스페리의 연구를 계속했고, 그 결과 우리가 어떤 결정을 내리기 위해서는 우뇌 또는 좌뇌만을 사용하는 것이 아니라 둘 다 사용한다는 사실을 발견했습니다.

우리는 끊임없이 왼쪽과 오른쪽 두뇌 반구들 사이를 탁구공처럼 왔다 갔다 합니다.

좌뇌와 우뇌의 이런 핑퐁 작용은 우리가 커피를 직접 끓일지 스타벅스에서 주문할지 결정해야 할 때도 촉발됩니다. 파이크 플레이스 로스트 원두(5칼로리)가 더 건강하다는 것을 알면서, 벤티 사이즈 모카(450칼로리!)를 간절히 원할 때에도 작동합니다. 그리고… 맞습니다. 일할 때에도 작동합니다. 내가 이 계약서에 서명해야 하나? 확장에 돈을 투자해야 돼? 이 지원자를 뽑아야 해?

사람들의 이러한 의사 결정에 영향을 미치고 싶다면, 여러분은 이 과정에 관여하고 싶어질 것입니다.

스토리텔링은 우뇌와 좌뇌 사고를 동시에 촉발합니다

우리의 좌뇌는 파일 캐비닛과 같습니다. 패턴을 찾고 새로운 정보를 기존의 알려진 정보와 일치시키려 하지요. 따라서 한꺼번에 많은 양의 사실과 자료가 좌뇌에 던져지면, 아무리 처리하려고 해도 결국엔 과부하가 걸리고 맙니다. 이 상태에서는 어떤 것도 분류할 수

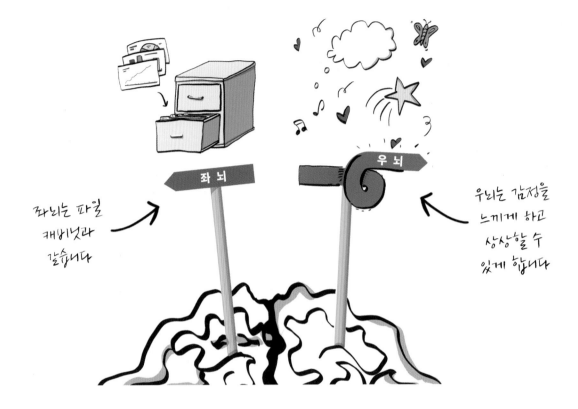

없으며, 정보도 저장되지 않습니다. 단지 소음일 뿐입니다.

발표자가 온갖 차트와 도표들, 글머리 기호가 붙은 사실들을 쏟아내던 회의 시간(대면 회의든 원격 회의든)을 떠올려 보세요. 그중 기억나는 게 있나요? 그렇다면, 줄지어 늘어선 숫자인가요, 아니면 그 데이터가 말해준 스토리인가요? 아마 **대부분의 경우 여러분은 스토리를 기억할 것입니다**(하나라도 기억나는 것이 있다면요).

우리가 스토리를 훨씬 더 잘 기억할 수밖에 없는 이유는 스토리가 우리의 우뇌에 불을 붙이기 때문입니다. 우뇌는 우리가 새로운 정보를 받아들이고, 그리고 나서 사물을 느끼고 상상하도록 해줍니다. 그것은 우리가 알고 있는 영역(이미 머릿속 파일 캐비닛에 있는 것들)을 넘어 미래의 가능성을 상상하도록 창조적인 프로세스에 동력을 불어넣습니다.

그러므로 여러분이 하는 이야기에 정확한 데이터와 시각적인 자료가 뒷받침된다면, **두뇌의 창의적이고 논리적인 두 가지 측면 모두에 호소**할 수 있습니다.

스토리와 데이터, 시각 자료를 결합해서 여러분의 아이디어에 불을 붙일 수 있습니다.

최근, 스탠퍼드 경영대학원Stanford Business School 교수인 제니퍼 아커Jennifer Aaker는 자신의 학생들을 대상으로 테스트를 실시했습니다. 교실에서 한 사람씩 발표하도록 한 것입니다. 열 명 중 한 명의 학생은 자신의 발표에 스토리를 끼워 넣었습니다. 나머지 학생들은 사실과 수치만을 사용했습니다. 그리고 나서 그녀는, 학생들에게 기억하는 것을 적도록 했습니다. 결과는 압도적이었습니다. 겨우 5%의 학생들이 통계 자료를 떠올린 반면, 무려 63%가 하나 이상의 스토리를 기억하고 있었습니다.

10배가 넘는 학생들이 특정한 하나의 사실이 아니라, 스토리를 기억한 것입니다.

스토리텔링을 뒷받침하는 뇌과학의 증거들

우리가 창의적인 우뇌와 논리적인 좌뇌 사이에서 정보를 주고받으며 세상을 살고 있다는 것을 알게 됐습니다. 그런데, 우리가 만나볼 또 다른 뇌 과학자가 매우 흥미로운 사실을 발견했습니다. 결정에 이른 바로 그 순간에, 우리는 주로 감정을 따르게 된다는 것입니다. (인간이란… 정말 드라마틱합니다.)

안토니오 다마지오를 만납시다

인지신경과학자 안토니오 다마지오 Antonio Damasio 는 많은 사람을 대상으로 뇌 손상의 영향을 연구했습니다. 그중 하나인 엘리엇 Elliot 이라는 남자는 부상으로 인해 감정 처리가 둔화되었습니다. 다마지오가 주목한 것은 매우 흥미로웠습니다. 엘리엇은 감정을 느끼지 못하는 상태에서 결정을 내리느라 무척 애를 먹었습니다. 이 발견은 다마지오의 유명한 신체표지가설 Somatic Marker Hypothesis 이 되었습니다. 다마지오는, 우리는 순전히 논리에 따라 결정을 내린다고 생각하지만, **실제로 결정적인 순간에 주도적인 역할을 하는 것은 감정**이라고 결론 지었습니다. 그에 따르면, "감정은 우리가 좋은 것, 나쁜 것, 그저 그런 것을 구분하게 해줍니다."

우리는 우리가 순전히 논리에
입각해서 결정을 내린다고 생각하지만,
실제로 결정적인 순간에
주도적인 역할을 하는 것은
감정입니다.

이제 우리는, 우리의 두뇌가 둘로 나뉘어져 있고, 각각의 뇌는 우리가 세상일을 처리할 때 서로 다른 역할을 한다는 것을 알게 되었습니다. 좌뇌는 우리가 알고 있는 것들로 구성된 파일 캐비닛입니다. 우뇌는 우리가 아는 것 이상의 것을 볼 수 있게 하고, 우리의 직관을 이용하고, 가능성을 상상하도록 도와줍니다. 우리가 아무리 스스로를

'스팍Spock'(스타트렉Star Trek 시리즈의 과학장교 -역주)처럼 논리정연하다고 생각해도, 중요한 의사 결정의 순간에는 감정에 의해 움직인다는 것도 알게 됐습니다.

이번에는 정신과 의사인 또 다른 뛰어난 과학자를 만나 우뇌와 좌뇌, 그리고 우리가 살아가는 세상에 대한 놀라운 사실을 소개하겠습니다.

이것은 정말로, 진정으로 완벽하게 비즈니스 스토리텔링의 필요성을 설명해 주네요……

안녕하세요, 이언 맥길크리스트

이언 맥길크리스트Iain McGilchrist는 자신의 획기적인 저서 《주인과 심부름꾼: 두뇌 속에서 벌어지는 은밀한 배신과 정복의 스토리The Master and His Emissary: The Divided Brain and the Making of the Western World》에서, 우뇌와 좌뇌가 어떻게 우리가 세상을 볼 수 있게 돕는지 면밀하게 분석했습니다. 그는 언어와 연설, 그리고 논리를 지배하는 좌뇌는 폐쇄적이고, 좁고, 통제된 공간에서 작동한다는 것을 발견했습니다. 기본적으로 좌뇌는 우리 내부의 고리타분한 관료자입니다. 반면에 우뇌는, 우리가 새로운 정보로부터 암묵적인 의미를 끌어내고, 추론을 하고, 우리가 이미 알고 있는 세계를 뛰어넘을 수 있게 해줍니다. 다시 말하면, 변신과 변화의 통로인 셈입니다.

맥길크리스트는 오늘날 우리가 세상을 너무 성문화시키고 있다고 주장, 아니 통탄해 마지 않습니다. 모든 것을 입력하고 체계화하려는 욕구는 바로 좌뇌가 가지는 논리적인 매력이기는 합니다. 그러나 맥길크리스트는 엄격한 잣대에 대한 집착이 우리의 상상력에 의한 변혁의 도약을 가로막고 있다고 주장합니다.

오늘날 우리 일터의 주요 문제 중의 하나도 바로 이 때문에 발생합니다.

우리는 의사 소통에서
데이터, 숫자, 통계 및 분석에
지나치게 의존합니다.

데이터는 뛰어난 아이디어(적어도 좋은 아이디어)를 인식시키는 데 도움이 되기보다 실제로 방해가 됩니다. 우리는 의사 결정권자에게 정보라는 총알을 겨누고 말합니다. "결정을 내리세요!"

뇌과학은, 감정이 어떻게 우리의 아이디어를 설득시키는지, 반대로 데이터가 어떻게 우리의 생각을 억누르는지 보여줍니다. 하지만 아직 미심쩍다고 여길지 모르는 여러분을 위해, 마지막으로 과학자 한 사람을 더 소개하겠습니다. 그의 연구는 감정(그리고 관심)을 불러일으킬 또 다른 방법으로, 비주얼이 있는 스토리를 지목하고 있습니다.

반가워요, 존 메디나

분자생물학자 존 메디나John Medina는 자신의 저서 《브레인 룰스: 의식의 등장에서 생각의 실현까지|Brain Rules》에서, 시각은 가장 우세한 감각이며 자연스럽게 우리의 감정을 자극한다고 말합니다. 가령, 여러분의 스토리에 잘 어우러진 시각적 요소들은, "이것을 기억 속에 저장하라!"라고 말하는 매우 효율적인 포스트잇의 역할을 합니다. 메디나는, "어떤 정보를 듣고 나면 3일 후에 10%를 기억하게 됩니다. 거기에 시각 정보를 곁들이면 65%를 기억할 수 있습니다."라고 말합니다. 와우! **여러분이 중요한 아이디어를 시각적으로 제시했을 때, 6배나 더 기억에 남는다**는 얘기군요. 의사 결정권자가 오늘 아홉 번째 회의에서 여러분과 마주하게 될 때, 시각 자료들이 어떤 역할을 하게 될지 생각해 보세요!

요점은...

데이터와 시각 자료들은 스토리를 강화할 수도, 혼란스럽게 할 수도 있습니다

차트, 인포그래픽, (짧은) 텍스트 같은 시각 자료들이 스토리를 직접적으로 받쳐준다면, 여러분의 아이디어와 통찰은 훨씬 더 기억하기 쉬워집니다. 물론 이것은 과학적으로 확인된 사실입니다.

하지만 시각적인 자료들은 주의가 필요합니다. 업계에서 우리가 가장 힘들어하는 곳을 꼽으라면, 그중 하나는 시각 자료를 과도하게 사용하는 곳일 겁니다. 특히 데이터를 제시할 때 그렇습니다. 우리는 보통 설득하고자 하는 메시지에 '힘'을 실어주기 위해 차트와 표를 늘어놓습니다. 그러나 안타깝게도 이러한 숫자 공세는 오히려 역효과를 가져옵니다. 그렇다면 이제, 데이터를 가장 효과적으로 사용하는 방법이 무엇인지 함께 가볼까요! (힌트: 스토리와 밀접한 관계가 있습니다.)

2장

데이터는 (남발하지만 않는다면) 빌런이 아닙니다

그럼에도 불구하고, 차트로 무장하고 총구를 겨누는 사람들이 오히려 의사 결정을 방해하긴 해도, 데이터는 본질적으로 악당이 아닙니다. 그 반대입니다. 전략적으로 사용된 보조 데이터는 현재 상황에 대한 훌륭한 통찰과 아울러 더 밝은 미래를 위한 기회를 제공합니다.

여러분이 데이터를 스토리 안에 잘 엮어낸다면, 청중을 감동시킬 좋은 기회를 얻게 될 것입니다. **청중(우뇌)의 호기심과 직관을 자극하고, 여러분과 함께 정신적으로 도약할 수 있게 합니다.** 동시에, 여러분의 스토리를 직접적으로 뒷받침하는 **데이터(좌뇌)는 의사 결정권자로부터 "예스!"라는 답을 이끌어 낼 수 있는 결정적인 정당성을 제공합니다.** 그러한 좌뇌/우뇌의 탱고가 여러분의 아이디어에 힘을 실어주고, 사업 논의를 진전시키며, 의사 결정에 영향을 미칩니다.

데이터는 여러분의 스토리에 통찰을 불어넣습니다

우리는 보통 비즈니스 문제를 다룰 때 데이터, 숫자, 통계, 분석 자료를 사용합니다. 실제로 그것들은 여러분 아이디어의 원동력입니다. 그러나 능숙한 스토리텔러는 데이터의 가치를 일개 정보의 뭉치에서가 아닌, 그것이 스토리에 가져오는 의미와 통찰에서 발견합니다.

데이터를 사용하기 전에 항상 이렇게 질문하시기 바랍니다. **"이것이 내 스토리를 뒷받침해 주는가?", "이야기를 앞으로 진전시키는가?", "나는 훌륭한 통찰을 이끌어 낼 만큼 데이터를 충분히 다듬었는가?"**

잘 짜인 스토리 안에
녹아든 데이터는
무적입니다

뛰어난 데이터 통찰은 발견을 보여줍니다

게리 클라인^{Gary Klein}은 자신의 저서 《통찰, 평범에서 비범으로^{Seeing What Others Don't}》에서 통찰을 명확하게 정의했습니다.

- 통찰은 데이터의 분석 및 해석을 기반으로 한 발견입니다.

- 통찰은 우리가 문제를 이해하는 방식을 바꾸고, 비즈니스 가치를 창출하는 경로에 대한 우리의 사고를 전환합니다.

- 통찰은 우리를 더 새롭고 진보된 스토리로 이끌고 갑니다.[1]

게리의 정의에서 눈에 띄는 것은 무엇일까요? 제일 먼저, 발견이라는 단어입니다. '발견'이라 함은 뭔가 새로운 것, 또는 이전에 알려지지 않은 것을 의미합니다. 데이터에서 통찰을 발견하려면, 불일치나 모순처럼 완전히 새로운 것을 찾거나, 또는 반대로 전혀 예상치 못한 곳에 있는 우연이나 연관성을 찾아야 합니다. 우리를 완전히 새로운 관점으로 이끌어줄 색다른 통찰은, 우리가 늘 겪는 반복적인 문제들이나 강렬한 개인적인 사건에서도 발견할 수 있습니다.

이전 스토리의 문제점을 지적하고, 새로운 스토리가 얼마나 더 개선될 수 있는지 보여준다면, 모든 것이 통찰이 될 수 있습니다.

데이터 뭉치 길들이기

그러나 명심할 것이 있습니다. **데이터는 그 자체로 아이디어가 될 수 없습니다.**
데이터는 양날의 검과 같습니다. 신중하게 선택된 통찰은 여러분의 제안서, 업무보고,
또는 권고사항들을 강력하게 뒷받침합니다. 이러한 통찰로써 청중을 교육한다면,
여러분은 훨씬 더 스마트해 보이고, 청중 스스로도 똑똑하다고 느끼게 됩니다(좋아하지
않을 수 없겠죠?). 그러나 도표에 차트에, 또다시 도표가 이어진다면 혼란과 반감이라는
역효과를 낳을 수 있습니다.

제대로 된 서사를 구축하려면, 여러분의 스토리를 진전시키고 기억하기 쉽게 만들
몇 가지 통찰을 발견하는 데 집중하시기 바랍니다.

길들이지 않은 로우 데이터를 더 보여주고 싶은 충동도 길들여 주세요.

데이터와 스토리의 대결: 반려동물 실험

초고속 테스트 하나 해보겠습니다. 반려동물의 건강 보험에 대한 두 기사를 보시기
바랍니다. 먼저, 사실과 자료만으로 작성한 기사와, 같은 내용을 스토리와 함께 엮은
기사입니다. 어떤 버전이 더 기억에 남고 떠올리기 쉬울까요?

다음 페이지에서 결과를 같이 확인해 봅시다……

데이터만 보여주기

반려동물 보험 시장 통계

세계적으로 반려동물 보험시장 규모는 2018년에 57억 달러로 평가되었습니다. 2025년에는 102억 달러에 이를 것으로 보입니다. 가장 큰 부문인 반려견 보험은 80.8%의 압도적인 매출 점유율을 기록하고 있습니다. 애견상해보험은 향후 5년간 6.5%라는 꾸준한 성장세를 가리키고 있습니다. 상해/질병보험이 전체 업계를 지배하고 있으며, 2018년에는 54억 달러의 매출을 기록했습니다. 약관에 따라 보험은 보통 전체 수의료의 약 80%를 지불합니다.

데이터+스토리로 보여주기

반려동물 주인들은 자신의 반려동물과 지갑을 지키고 싶어 합니다

올해 30살인 매디슨을 만나보겠습니다. 많은 반려견의 엄마아빠들처럼 그녀는 래브라도 리트리버 '래리'에게 푹 빠져 있습니다. 하지만 건강검진, 예방접종, 그리고 개 공원에서 있었던 몇 번의 사고로 래리는 매우 비싼 강아지가 되고 있었어요! 그래서 반려동물 보험을 알아보던 매디슨은, 놀랍게도 자신만 그런 것이 아님을 알게 되었습니다. 반려동물 주인들은 전 세계적으로 반려동물 보험에 작년에만 50억 달러를 썼고, 2025년에는 100억 달러 이상을 쓸 것으로 예상됩니다. 보험의 대부분은 래리처럼 놀기 좋아하는 강아지가 아프거나 사고가 났을 때를 대비한 것입니다. 하지만 매디슨 같은 주인들은 래리의 치료비 80%를 받을 수 있다는 사실에 큰 안도감을 느끼고 있습니다. 래리가 가장 환영할 일이군요!

요점은...

자, 어떻게 보셨나요? 데이터만으로 된 기사와 스토리 속에 데이터가 언급된 기사,
어느 쪽이 기억나시나요? 반려동물 보험 시장 규모에 대한 가장 중요한 정보를 얻는 데
도움이 된 것은 무엇인가요? 결정해야 할 상황이라면 어느 쪽을 기억할 수 있을까요?
실제로, 우리 대부분은 데이터 뭉치보다 스토리로 제시된 정보를 더 잘 받아들이고
기억할 수 있습니다.

스토리는 언제나 더 기억하기 쉽습니다.

여러분이 가진 데이터가 여러분 안에 내재한 관료자의 손에서 벗어나게 하세요.
사실과 데이터를 간결한 스토리에 잘 엮어서 좌뇌와 우뇌가 동시에 깨어나도록 하세요.
여러분의 아이디어가 모든 청중의 뇌리에 확실하게 각인될 수 있습니다.

정·리·합·시·다

비주얼 스토리텔링 속에···
뇌신경과학이 있습니다

1

의사 결정에는 좌뇌와 우뇌가
함께 작용합니다

우뇌는 창의적이고 상상력이 풍부합니다. 좌뇌는
논리와 학습된 패턴들을 처리합니다. 우리의 선택에는
두 가지 측면이 함께 영향을 미치지만, 궁극적으로
우리는 감정에 따라 결정하고, 우리의 감정은 효과적인
비주얼에 자극을 받습니다.

2

비즈니스 커뮤니케이션은
좌뇌에 편중되어 있습니다

데이터가 넘쳐납니다. 오늘날의 커뮤니케이션은
지나치게 문서화되어 있습니다. 이 폐쇄적이고 편협한
접근 방식이 의사 결정을 방해합니다. 스토리와 비주얼
그리고 통찰력 있는 데이터로 좌/우뇌에 동시에
소구할 수 있다면, 새로운 정보로부터 암묵적인 의미를
이끌어 내고, 추론하고, 우리가 알고 있는 세계를 넘어
도약하게 될 것입니다.

3

데이터와 시각 자료를
전략적으로 사용하세요

과도하게 남용하지만 않는다면 이들은 적이 아닙니다.
여러분의 아이디어를 뒷받침할 수 있는 훌륭한
도구입니다. 단, 반드시 여러분의 스토리를 직접적으로
받쳐주어야 합니다.

여기까지, 비즈니스 스토리텔링의 명성에 대해서 이해하셨을 겁니다.
이제부터는 스토리텔링 프레임워크를 살펴보고, 우리가 직면하는
일반적이고 일상적인 시나리오에 어떻게 적용할지 알아보겠습니다. 다양한
청중을 대상으로 여러분의 스토리를 유연하게 만드는 것이 얼마나 간단한지
놀라게 되실 겁니다. 여러분이 쉽게 이해할 수 있도록, 우리가 준비해둔
다양한 스토리텔링 예제들(시각적인 것과 비시각적인 것)이 기다리고
있습니다.

넘어갈 준비가 되셨나요?

PART 2

준비됐습니다—

비즈니스 스토리텔링, 어떻게 시작해야 할까요?

비즈니스 스토리텔링 시작하기

가장 좋아하는 TV 프로그램을 떠올려 보세요. 기계적으로 팝콘을
입에 가져가면서 '완전히' 몰입했던 바로 그 순간. 돌이켜 보면, 전혀 지루할 틈이 없었고,
보고 나서도 거기 나온 등장인물이나 소름 끼치는 집, 꼬여만 가는 갈등에 대한 생각을
멈출 수 없었습니다.

그 이야기 하나하나에 왜 그렇게 집착했는지 (갈수록 더더욱) 여러분 자신도 잘
모르시겠지만, 구조적인 관점에서 보면 정확하게 들어맞는 이유가 있습니다.

여러분을 여정으로 이끌었습니다

사실, 좋은 스토리는 청중(시청자/독자/청취자)을 여정으로 끌어들입니다.

그렇다면 그 특별한 이야기는 정확히 어떻게 여러분을 사로잡은 걸까요? 소파에서
폰을 힐끔거리며 지루해하는 여자친구마저 내버려 둔 채 몰입하도록 말이에요. 바로
스토리의 세부 구조가 모든 열쇠를 쥐고 있습니다. 맥락을 설정하고, 갈등을 유발하고,
비극적인(혹은 우리가 바라는 달콤한) 결말까지 여러분을 붙잡아 둔 것입니다.

맥락이 여러분 자신과 관련될 때, 등장인물이 왠지 친근하게 느껴질 때, 또는 그들과
여정을 같이 한다는 유대감이 들 때 여러분은 몰입하게 됩니다. 스토리가 어떻게 풀리게
될지 몹시 궁금해집니다. 그리고 이 스토리는 기억에 저장됩니다.

모든 위대한
스토리는 청중을
여정으로
안내합니다

대단하네요. 그런데 맥락과 유대감이 비즈니스 스토리텔링과 무슨 관계가 있나요?

비즈니스 스토리텔링도 일반적인 스토리텔링과 다르지 않습니다. 모든 스토리 안에는 간단한 틀이 있습니다. 네, 제대로 읽으셨어요. 각각의 이야기마다 간단한 프레임워크를 가지고 있습니다.

〈스타워즈〉의 감독이든, 《전쟁과 평화》의 작가이든, 아니면 영업 프레젠테이션 제작자이든 간에 우리는 모두 이 프레임워크를 사용합니다. 여러분이 이것을 효과적으로 사용하고, 여러분의 스토리를 적절한 청중에게 전달한다면(〈16장: 청중은 제각각입니다… 어떻게 모두를 만족시키죠?〉에서 자세히 다룹니다), 미리 축하드립니다! 훌륭한 스토리텔러가 되실 겁니다. 즉, 프레임워크를 제대로 사용하는 방법을 익히면, 멋진 이야기를 할 수 있을 뿐만 아니라, **여러분의 경력에도 도움이 됩니다.**

미·리·보·기

스토리 프레임워크
뚜껑을 열고 살짝 들여다봅시다

스토리는 무엇으로 작동하나요?

1

4가지 지표™

배경, 등장인물, 갈등, 해결책으로
구성됩니다.

2

'핵심' 아이디어

여러분의 스토리에서 가장 중요한
메시지입니다.

3

WHY-WHAT-HOW
(왜-무엇을-어떻게)

4가지 지표와 여러분의 핵심 아이디어를
살펴볼 또 다른 방법입니다.

주눅 들지 마세요, 우리도 압니다

스토리 프레임워크에는 여러 가동부(可動部)가 있습니다. 이 장에서는 여러 가지 사례들을 통해, 각 요소의
역할과 배치에 대해 살펴봅니다. 마침내 여러분은 펜을 들거나 키보드에 손을 올리기 전, 또는 통화 버튼을
누르기 전에, 여러분이 가진 사실, 데이터, 아이디어가 스토리 프레임워크에서 어디에 적합한지 또는
적합하지 않은지 쉽게 판단할 수 있게 될 것입니다.

3장

4가지 지표™

모든 스토리에는 뼈대를 이루는 4가지 지표(요소)가 있습니다.

배경, 등장인물, 갈등, 해결책입니다. 이 요소들이 친근하고, 인간미가 있으며, 만족스럽게 느껴지는 생각의 패턴을 만들어 냅니다. 여기서 가장 중요한 것은 **감정을 느끼게 한다**는 것입니다. 그리고 아이디어가 우리의 감정을 자극할 때, 우리는 그것을 기억하게 됩니다(1장: 〈뇌과학자들을 만나보세요〉에서 멋진 뇌과학을 참조하세요).

배 경   등장인물   갈 등   해결책

모든 위대한 스토리에는

4가지 기본 지표가

있습니다

모든 위대한 스토리에는
배경이 있습니다

유명한 스토리 중에는 첫 줄을 배경으로 시작하는 경우가 많습니다.

"어둡고 폭풍우가 몰아치는 밤이었다⋯⋯."

"4월의 맑고 쌀쌀한 날이었다. 시계들의 종이 열세 번 울리고 있었다."

또는, 고교 시절을 겪은 사람이라면 결코 잊을 수 없는 문장이 있습니다.

"최고의 시절이자, 최악의 시절이었다⋯⋯."

그렇다면 스토리에서 배경 설정이 하는 역할이 뭘까요? 왜 가장 먼저 등장하는 걸까요? **배경은 청중이 즉각적으로 파악할 수 있는 맥락을 제공합니다.** 영화, 책, 연극과 같은 전통적인 스토리텔링에서 이러한 맥락은 실제적인 장소인 경우가 많습니다. 그러나 비즈니스 스토리텔링에서 배경은 시장 환경이나 기업의 전반적인 상태와 같은 현재의 상황을 나타냅니다.

배경을 설정할 때는, 여러분이 문제를 발견한 장소나 상황에 대한 청중의 통찰력을 이끌어 내기 위해 데이터와 트렌드를 공유하는 것이 좋습니다. 청중이 상황에 대한 기본적인 이해를 공유할 수 있도록 충분한 정보를 제공해야 합니다.

배경은 중요한 것에 초점을 맞춥니다

초점을 맞춘다는 것은, 설정할 아이디어의 명확한 범위를 정하는 것입니다. 이것은 모든 사람이 한곳에 집중하도록 공통된 맥락을 제공합니다. 콘텐츠의 핵심에 도달하기 전에 필요한 일입니다.

배경을 다른 측면에서 본다면, 여러분이 (그리고 바라건대 청중이) 해결하고자 하는
문제들에 스포트라이트를 비춰 주는 '미니 교육'이라 할 수 있습니다.

다음 예에서, **배경은 보험을 구매하는 상태**로 설정됩니다. 보험시장에 '배치'된 청중은
보험설계사, 온라인 또는 친구/가족으로부터 보험 상품을 구매하는 중입니다. 여기서,
현재의 구매 습관에 관한 '미니 교육'은 청중의 초점을 보험 시장이라는 장소(배경)에
집중시킵니다.

데이터는 스토리의
배경을 설정하기 위한
맥락을 제공합니다 →

보험에 가입하거나 보험을 갱신할 때,
고객들은 다양한 **경로**를 통하게 됩니다

60% 보험 설계사 만나기[1]

71% 온라인으로 조사하고 비교하기[2]

80% 친구나 가족으로부터 추천받기[3]

배경의 중요성을 과소평가하지 마세요

이 배경으로부터 여러분은 궁극적인 해결책에 도달하기까지 스토리를 이끌어 갈
준비가 된 것입니다. 하지만 먼저, 스토리의 맥락을 사람들이 어떻게 경험하는지에 대해
청중에게 보여주어야 합니다. **등장인물이 필요하겠군요.**

모든 위대한 스토리에는
등장인물이 있습니다

우리는 부모님이 잠자리에서 이야기를 들려주던 그 옛날부터 등장인물을 사랑하도록 배웠습니다. 호기심 많은 조지, 신데렐라, 곰돌이 푸⋯⋯. 이 등장인물들이 보통 사람들이 이야기에 관심을 기울이는 진짜 이유입니다. 하지만 왜 그럴까요? 우리는 왜 등장인물에 사족을 못 쓰는 걸까요? 간단합니다. 우리는 인간이기 때문입니다. 등장인물 역시 인간(적어도 인간의 특징과 감정을 가짐)이며, 스토리 속 등장인물과의 '만남'은 우리에게 친근함을 안겨줍니다.

등장인물들이 경험하는 감정을 지켜볼 때면, 우리의 우뇌에서부터 반응이 촉발됩니다. 바로 언어의 맥락과 얼굴 표정을 저장하는 장소이죠.[1] 우뇌는 우리의 감정을 생성합니다. **청중은 비즈니스 스토리에 등장하는 인물들을 통해서 그들 자신을 보기 때문에, 여러분이 제시하는 상황이나 문제가 그들과 연관되도록 해야 합니다.**

등장인물은 스토리에서 중요한 역할을 합니다

즉, **등장인물은 감정적인 요소를 형성합니다.** 청중은 어떤 상황에 대한 등장인물의 감정적 반응 또는 행동을 관찰하면서 그들을 이해하게 됩니다. 청중이 스토리의 상황과 그것이 등장인물에 미치는 영향에 대해서 깊이 알면 알수록 청중의 관심도 깊어집니다. 이것이 스토리를 진전시키는 과정입니다.

비즈니스 스토리의 등장인물은 <u>누구인가요?</u>

비즈니스 스토리텔링에서 등장인물은 주로 **고객, 공급업체, 파트너, 직원 또는 주요 이해 당사자**와 같은 비즈니스 관계자들입니다.

누가 등장하든 간에, 그들이 비즈니스나 시장의 상황을 어떻게 경험하고 있는지

청중에게 보여주어야 합니다. 이것이 바로, 여러분이 등장인물을 통해 청중에게 통찰과
인식의 계기를 제공하는 방법입니다.

이 보험 스토리 사례의 경우, 등장인물은 고객입니다.

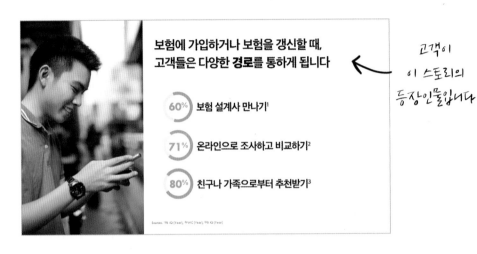

지금쯤 여러분은 이렇게 생각할지도 모릅니다. '등장인물'이라고요? 제발요, 난 할리우드
시나리오 작가가 아니라, 엔지니어(아니면 데이터 전문가, 영업 사원, 마케팅 전문가)예요!
맞습니다. 그래서 우리는 등장인물을 좀더 세분화해서, 모든 이의 비즈니스 환경에
어떻게 맞추어 배치하는지 살펴보도록 하겠습니다.

팁!

배경과 등장인물의 조합을 어렵게 생각하지 마세요. 비즈니스
커뮤니케이션에서는 이 두 지표를 서로 결합해 하나의 생각 또는 아이디어로
맥락을 좀더 신속하게 설정하기도 합니다. 이 책의 여러 예에서 확인하실
수 있습니다. 스토리의 배경과 등장인물을 하나의 슬라이드에 담은 경우와,
각각의 슬라이드에 나누어 놓은 경우입니다.

비즈니스에 등장인물을 소개하는 3가지 방법

명명된 인물

말 그대로 가상의 인물을 창조해서 이름을 부여하고, 시장 환경에 배치하는 가장 확실한
방법입니다. '벤^{Ben}'이라는 남자를 만나봅시다. 우리처럼 그 역시, 직장에서 자신의
휴대전화를 사용합니다. 쉽게 공감할 수 있겠죠!

익명 인물

같은 스토리지만 이번에는 이름을 밝히지 않은 등장인물입니다. 같은 휴대전화
이야기에서 '벤'이라는 인물 대신 '미국의 직원'이 등장합니다. 익명 인물은 개인적인
차원까지는 아니더라도, 일반적으로 여전히 우리와 연관될 수 있는 광범위한 그룹의
일원입니다. 사람들은 보통 이 접근 방식을 좀더 편안하게 느끼므로, 비즈니스
스토리에서 가장 일반적으로 사용하는 방법입니다. 인물을 등장시키는 방식에 정답은
없습니다. 등장인물이 있다는 사실이 중요합니다. 앞에서 살펴본 보험 이야기에도 익명
인물이 등장합니다.

40% 의 미국 직원들

직장에서 자신의 기기를
사용합니다

익명 인물

여러분 자신을 등장인물로

마지막으로, 여러분은 스스로를 등장시킬 수 있습니다. 전체 주제나 메시지에 관련된
여러분의 개인적인 이야기를 하는 것입니다. 기조연설이나 TED 강연, 또는 청중이 연사
개인의 이야기를 편안하게 받아들이는 환경에서 주로 사용합니다. 데이터를 감성적으로
어필하고 청중과 더 깊게 공감할 수 있는 좋은 방법입니다.

결론적으로, 스토리에 등장인물을 어떻게 소개하느냐는 여러분에게 달려 있습니다. 상당
부분은 여러분의 청중에 따라, 그리고 콘텐츠의 유형에 따라 달라질 것입니다. 대부분의
비즈니스 스토리텔러는 각각의 상황에 따라 어떤 것이 가장 효과적일지 찾아냅니다.

어떤 인물을 선택하든, 그들이 상황에 따라 어떤 영향을 받는지 보여주는 것은 스토리
구축에서 매우 중요합니다. 하지만 청중이 정말로 관심을 갖게 하기 위해 우리는 좀더
판돈을 올려야 합니다. 등장인물이 무슨 일을 겪고 있는지 보여줘야 하지요. 바로
갈등입니다.

모든 위대한 스토리에는
갈등이 있습니다

갈등. 좀 불편하게 들리나요? 그런데 놀랍게도 사람들은 갈등을 그렇게 불편하게 생각하지 않을뿐더러, 믿기 힘들겠지만 실제로 갈망하기까지 합니다. 오스카, 퓰리처, 토니상(또는 그 밖의 유명한 무슨무슨 상), 어떤 수상작이든 대강만 훑어봐도 확실하게 알 수 있는 한 가지가 있습니다. 모든 위대한 스토리에는 갈등이 있다는 것입니다.

갈등의 성격은 너무나 다양합니다. 크기도 제각각입니다. 여러분 바로 앞에 있을 수도 있고, 구석에 숨어 있거나, 장차 걸어갈 길에 놓여 있을 수도 있습니다. 하지만 어떤 식이든, 갈등이나 긴장이 없다면 스토리는 추진력을 가질 수 없습니다.

갈등은 극도로 몰입하게 만들지, 아니면 완전히 잊히게 만들지를 결정하는 매우 중요한 분기점입니다. 제법 흥미로운 배경에, 매력적인 등장인물이 몇 사람 있다 한들, 갈등이 없다면 꽤 난감한 상황이 됩니다. "그래서 뭐?" 아무 일도 일어나지 않습니다. 그리고 **아무 일이 없다는 것은, 앞으로 나아갈 원동력이 없다는 것입니다.** 보람 있는 해결책을 찾아야 할 까닭이 없으니까요.

갈등은 여러분의 청중에게
관심을 가져야 할 이유,
즉 여러분에게 기댈 이유를
제공합니다.

전통적인 스토리텔링에서 갈등이 부족하면 단순히 지루한 정도겠지만, 비즈니스 스토리텔링에 갈등이 없다면 지루함을 떠나, 의미 없는 엄청난 시간 낭비입니다. 갈등은 청중이 관심을 가져야 될, 즉 몸을 기울이고 들어야 될 이유를 제공합니다. 명확하게 정해진 갈등의 부재는 회의 시간을 낭비하게 되는 주된 원인 중의 하나입니다(불필요한 전화나 이메일도 마찬가지입니다). 까닭에 청중은 의문 속에 남겨집니다. '우리가 해결해야 될 문제가 뭐지? 왜 여기 앉아 있지?' 이런 일이 날이면 날마다, 또 조직마다 발생합니다. **여러분의 조직도 예외가 아닙니다.**

갈등은 불안을 잠재웁니다 (그리고 약속된 결말로 이끕니다)

그런데 갈등에 대해서 고민하기 전에(갈등이라 하면 여러분은 좀전에 자녀들과 벌인 피곤한 말다툼을 떠올리고 있을지 모르니까요), 알아둘 것이 있습니다. 비즈니스 스토리에서의 갈등은 관심을 유발할 뿐만 아니라, 오히려 청중의 불안을 해소하게 만든다는 사실입니다. 청중(상사, 고객 또는 동료)은, 자신들의 중요한 문제에 대해서 여러분이 이해하고 있음을 알게 됩니다. 그뿐 아니라 여러분의 사실, 데이터, 아이디어들은 **여러분이 그들의 문제를 이해하고 있고, 그것을 해결하는 방향으로 가고 있음**을 알게 해줍니다.

경영자의 입장에서 생각해 보세요. 문제가 산적해 있습니다. 하지만 그들은, 눈에 보이는 것보다 보이지 않는 문제들이 훨씬 더 무섭다는 것을 알고 있습니다. 문제를 확인할 수 있어야 비로소 해결할 수 있기 때문입니다.

여러분은 스토리에 갈등을 드러냄으로써
두 번의 영웅이 될 수 있습니다.
첫 번째는 문제를 규명해 냈을 때이고,
두 번째는 그 문제를 해결할
길을 보여줬을 때입니다.

갈등 방정식, 자세히 풀어봅시다

비즈니스 스토리텔링에서 갈등은 너무나 중요하므로 더 깊게 들여다볼 가치가
있습니다. 여러분이 갈등을 설명하고 있다는 것은, 그것이 현재 이미 벌어진 상황이라는
의미가 내포되어 있습니다. 그것은 지금 일어나는 일이지만, 오늘 '이전'에 이미 촉발된
스토리입니다. **갈등은 주로, 이처럼 현재의 상황이 더 나은 미래에 대한 가능성과
기회들을 가로막기 때문에 발생합니다.** 모든 갈등은 현 상황의 모순이나 부적절성이
어디에서 시작되었는지를 정확히 지적해야 합니다.

비즈니스에서 전형적인 갈등은 경쟁기업의 활동입니다. 가령 여러분이 자신이 속한
보안 회사의 경영진 앞에서 이야기하는 상황이라고 가정해 보세요. 회사는 수년간
중소기업 대상의 비즈니스로 만족해 왔지만, 주요 경쟁업체가 대기업들을 상대로 시장
점유율을 높이고 있다고 말입니다. 여러분은 경영진이 가치 있는 시장 부문을 무시하고
있다는 것을 일깨우고 싶어 합니다. 현 상태의 익숙한 마케팅 방식을 계속 고수한다면
미래에 문제가 될 수 있음을 그들에게 보여주고자 합니다. **전략을 바꾸게 하려면 그들이
위기 의식을 느끼게 해야 합니다.**

현 상태를 타개하고자 하는 과정이 바로 갈등입니다

경영자들은 익숙한 것에 애착을 갖는 경향이 있습니다. 그들은 더 나은 대안이 없을
때 현상에 집착합니다. 갈등은 그들의 사고방식을 바꾸는 데 중요한 역할을 합니다.
여러분이 갈등을 성공적으로 작동시키면, 개선 방법을 제안할 기회가 생깁니다.

갈등은 현상 유지를 종식시킵니다.

현재 상황
(과거의 이야기)

기회 / 더 나은 미래
(새로운 이야기)

갈등을 고조시키는 전략

스토리에 갈등을 일으키는 효과적인 방법 중 하나는, 작은 갈등을 연속적으로
소개하여 점점 더 큰 갈등으로 쌓이게 하는 것입니다. 보험 스토리 예제를 보면, 첫
번째 슬라이드에서 보험 구매 프로세스가 얼마나 복잡한지 설명하는 것으로 갈등을

도입합니다. 다음 슬라이드에서는, 차세대 보험 가입자에게 다가갈 미래가 얼마나 암울해 보이는지를 강조하며 갈등을 고조시킵니다. 오래된 비즈니스 방식이 더 이상 통하지 않는다는, 전형적인 비즈니스 갈등의 한 예입니다. (이 갈등 슬라이드 예제는, 배경과 등장인물이 모두 갖춰져 있는 큰 스토리의 일부입니다. 전체 보험 스토리는 〈6장: 모두 결합하기: 샘플 스토리〉를 참조하세요)

갈등이
소개됩니다

그러나, 부동산 또는 자동차 보험에서 이러한 '혼합된' 구매 경로는 복잡해질 수 있습니다

측박한 일정으로 진행될 가능성 있음 (60% 이상이 1주일 이내)

종종 또 다른 주요 구매와 연계

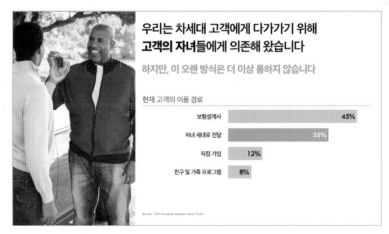

우리는 차세대 고객에게 다가가기 위해 고객의 자녀들에게 의존해 왔습니다

하지만, 이 오랜 방식은 더 이상 통하지 않습니다

현재 고객의 이용 경로

보험설계사 45%
자녀 세대로 전달 35%
직접 가입 12%
친구 및 가족 프로그램 8%

Source: 'OO Insurance customer data [Year]

갈등이
고조됩니다

갈등이 구축되면 다음으로 빠르게 넘어가세요

훌륭한 비즈니스 스토리텔링은 하나의 레시피이며, 요리사는 바로 여러분입니다. **여러분의 스토리에 갈등이라는 간이 너무 세거나 부족하지 않도록 주의해야 합니다.** 여러분은 배경을 통해 특정한 시장 상황에 초점을 맞췄습니다. 등장인물을 통해 그 사람(들)이 그러한 상황을 어떻게 경험하고 있는지를 설정했습니다. 그리고 갈등을 도입함으로써 현 상황의 문제점을 조명했습니다. 여기까지 여러분이 제대로 해냈다면, 구태의연하게 안주하고 있는 심각한 현실을 드러낸 것입니다. 물론, 대안은 아직 제시하지 않았습니다만……. 지금까지의 세 지표들은 청중을 심적으로 불편한 상황으로 이끌었습니다. 좋습니다. 잘 해냈습니다.

뛰어난 비즈니스 스토리텔러는, 청중의 관심(그리고 우려)을 끌 만한 갈등이 얼마나 필요한지 알고 있지만, 절대 과용하지는 않습니다. 갈등이 과하면 최소한 불쾌하게 되고, 최악의 경우에는 모욕적일 수 있습니다. 배경, 등장인물, 갈등의 적절한 조합으로, 상황에 따른 최적의 지점을 찾으시기 바랍니다. 그러면 여러분은 청중이 갈망하는 결정적인 보상, 즉 해결책을 제공할 준비가 된 것입니다.

처음 3가지 지표는
청중을 심적으로 불편하게
만들었습니다. 좋아요.
여러분, 잘 해냈습니다.

모든 위대한 스토리에는
해결책이 있습니다

해결책은 등장인물이 (그리고 여러분의 청중이) 갈등을 무사히 극복하게 해줍니다.
휴! 드디어, 조직을 장밋빛 미래로 안내할 새로운 기회를 공개할 때가 됐군요.

그렇다면 비즈니스 스토리에서 해결책은 무엇에 비유할 수 있을까요? 바로 여러분
이야기의 핵심, 레시피의 핵심인 '고기와 감자'입니다. 영업 사원이라면 '제품/솔루션의
특징과 장점'이 될 것이며, 컨설턴트인 경우, '문제를 해결할 직접적인 접근 방식(또는
타임라인)'이기도 합니다. 업데이트를 제공하는 제품 관리자의 경우라면, '제품 성장에
초점을 맞춘 제안 사항'일 것입니다.

해결책

다음은 미래의 고객들과
관계를 구축하는 방법입니다

간소화
검색 프로세스

개인화
고객 경험

차별화
제품 공급

해결책입니다

차세대 소비자들에게 도달해야 하는 이 보험 회사에서는, **신규 고객들에게 다가가기 위한 전략**이 곧 해결책입니다. 앞서 언급한 갈등(암울한 구매 프로세스)에 직접적으로 대응되는 해결책으로서, 제품 공급을 간소화하고, 개인화하고, 차별화하는 것입니다. 그리고 계속되는 일련의 슬라이드에서는 해결책들을 보다 세분화해서 다룹니다. (기대해 주세요! 다음 장에서는 4가지 지표가 모두 사용된 전체 보험 스토리가 처음부터 끝까지 어떻게 흘러가는지 볼 수 있습니다.)

우리 대부분이 어떤 지표에서 시작하는지 아시나요?

'해결책'을 떠올리셨나요? 정답입니다. 우리는 모두 그곳에 빨리 가고 싶어 합니다. 하지만 빠르게 진행하는 것이 해결책부터 시작하라는 뜻은 아닙니다. **해결책으로 시작하는 것은 훌륭한 비즈니스 스토리텔링에 역행하는 것입니다.**

보험 스토리에서, 만일 해결책이 먼저 나왔다면 의미가 크게 달라졌을 것입니다. 그들의 현재 방식이 더 이상 작동하지 않는다는 사실을 깨닫지 못한다면, 그들이 '미래의 고객들과 관계를 구축해야 할' 이유에 대해서도 회의적일 것이기 때문입니다.

"집에 가고 싶어." <오즈의 마법사>가 이렇게 시작된다고 상상할 수 있나요? 캔자스의 어린 소녀가 집으로 돌아가는 길에 우리가 관심이나 가졌을까요? 폭풍 속에서 길을 잃고, 친구들과 무서운 괴물들을 마주치고, 끝에 가서 가짜 마법사를 만나는 장면을 보지 않았다면 말입니다. 우리는 도로시와 함께 여행을 떠났기 때문에 관심을 가지게 된 것입니다. 그리고 값진 결말(해결책)을 얻게 됩니다.

비즈니스 커뮤니케이션에서, 우리는 스토리의 맥락을 모조리 생략하고, 우리 자신(주로 솔루션/제품/회사)에 대한 설명에 급급합니다. 그것을 설명해야 될 이유도 잊은 채 말입니다.

그런데 잠깐, 내가 지금 좀 바쁘거든요

우리는 늘 성미 급한 청중으로부터 스트레스를 받습니다(《15장: 경영진과 단 5분의 기회뿐이라면… 서둘러요!》 참조). 그러다 보니 서둘러서 핵심을 말해야 한다고 생각합니다. 하지만 비즈니스 스토리를 제시하는 것이 곧 청중의 시간을 낭비하는 것을 의미하지는 않습니다. 그렇습니다. 빨리 본론으로 들어가야 하는 건 맞지만, 그것이 해결책부터 시작하라는 의미는 아닙니다.

여러분은 반드시, 청중이 관심을 가질 이유가 될 맥락을 (약간의 건강한 긴장감도 함께) 제공해야 합니다. 그러지 않으면, 그들이 여러분이 제시하는 해결책의 세부 사항을 들을 이유도 없어지게 됩니다.

청중이 여러분의 해결책을 갈망하도록 해야 합니다.

빠르게 진행하는 것이 해결책부터 시작하라는 뜻은 아닙니다.

지표의 등장 순서는 중요합니다

스토리텔링의 첫 3가지 지표(배경, 등장인물, 갈등)는 어떤 순서로든 소개될 수 있습니다.
실제로, 꽤 많은 스토리가 등장인물이나 배경 없이 갈등으로부터 시작됩니다.

아슬아슬한 상황으로부터 누군가가 도망치는 장면으로 시작하는 영화가 얼마나
많았는지 생각해 보세요! 여러분은 궁금해집니다. '저 남자는 누굴까? 저 곳은 어디지?
누가 쫓아오는 거지?' 왜 눈을 뗄 수 없는 걸까요? 갈등을 처음부터 드러내는 것은
효과적인 스토리텔링 방법일 수 있습니다.

비즈니스 스토리텔링도 이와 다르지 않습니다. 등장인물로 시작해서 배경으로, 그리고
갈등(또는 순서를 바꿔서)으로 갈 수 있습니다. 그러나 다시 강조하건대, **해결책은 항상
마지막에 와야 합니다.**

예고

다른 돋보기로 4가지 지표 들여다보기

자, 이제 여러분은 스토리텔링의 4가지 지표를 가지고 있습니다. 멋지지 않나요? 하지만 우리는, 여러분이 아직 좀더 설득력을 갖출 필요성을 느낀다는 것을 알고 있습니다. 여러분은 아마, 청중이 여러분의 이야기를 듣는 순간에도 이렇게 재촉하고 있다는 생각을 멈출 수 없을 것입니다. 어서… 이제 결론으로 가자고요.

우리에게는 들립니다. 하지만 잠깐 기다리세요. 먼저 이 지표들을 약간 다른 각도에서 검토해 봐야 합니다. 우리는 각 지표들이 스토리에서 수행하는 역할과, 그들이 스토리를 진전시키는 데 없어서는 안 될 이유가 무엇인지 확실하게 짚고 넘어갈 것입니다. 이를 통해 프레임워크의 각 부분들이 어떻게 함께 작용하여 메시지를 형성하고, 궁극적으로 여러분의 아이디어를 설득시키는지 완전히 이해할 수 있습니다.

4장

비즈니스 스토리텔링의 WHY, WHAT, HOW

또 다른 유용한 방법이 있습니다. 여러분이 포함하고자 하는 사실, 데이터, 아이디어들 각각의 역할과 우선순위를 매기고, 어떤 순서로 배치할 것인가를 쉽게 판단하게 해줄 좋은 방법이요. **바로 그 모든 것이 스토리의 WHY(왜), WHAT(무엇을), 그리고 HOW(어떻게) 중 어디에 속하는지를 확인하는 것입니다.**

여러분의 WHY는 배경, 등장인물, 갈등입니다

처음 3가지 지표는 여러분 스토리의 WHY입니다. 다시 말해서, **사람들이 여러분의 해결책에 관심을 가져야 할 이유를 설명하는 아이디어, 데이터 그리고 통찰**이 들어갈 곳입니다. WHY는 구두로 직접 설명하거나 또는 시각 자료를 통해, 30초나 1분 또는 그 이상의 시간 동안, 여러분의 상황에 맞게 전달할 수 있습니다. 그렇습니다. 여러분이 탄 택시 합승자에게 WHY를 전달하고, 그가 5분 만에 여러분의 혁신적인 제품 아이디어에 관심을 갖게 만들 수도 있을 겁니다.

HOW는 여러분의 해결책입니다

여러분이 WHY를 확실하게 구축했다면, (바라건대) 여러분이 놓은 덫에 걸린 합승자에게 관심을 가져야 할 이유를 던져준 것입니다. 하지만 그 시간은 곧 끝나고 맙니다! 목적지에 도착하기 전에 재빨리 해결책으로 가야 합니다. 바로 이야기의 HOW로 말입니다. HOW는 바로 **여러분의 새로운 서비스, 솔루션 또는 제품**입니다. 여러분의 합승자가 관심을 가져주었으면 하는 **문제(갈등)를 해결할 여러분만의 방식**을 말합니다.

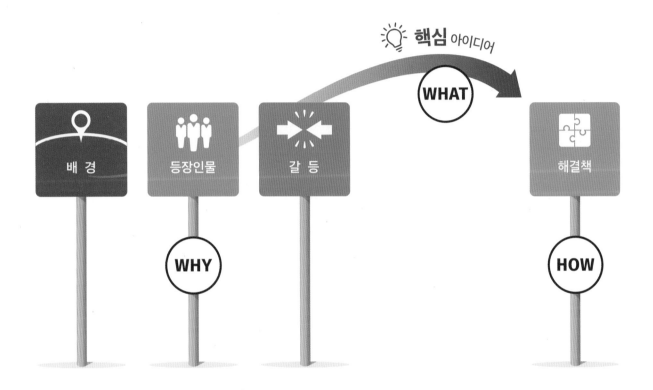

잠깐… 아직은 아닙니다

해결책으로 넘어가기 전에 아직 한 가지가 남았습니다. (앗, 거의 다 왔다고요!) 설득력
있는 스토리라면 절대 빠질 수 없는, 그리고 반드시 해결책보다 먼저 나와야 할 또
하나의 핵심 메시지! 그가 차에서 내린 후에도, 여러분의 바람대로 미래의 고객이 되게
만들, 궁극적으로 여러분의 아이디어를 활짝 피게 할 바로 그 씨앗입니다.

WHAT은 여러분의 핵심 아이디어입니다

모든 훌륭한 이야기에는 핵심 아이디어(주제)가 있습니다. 청중이 유일하게 기억하도록 해야 할 것이 있다면(청중은 많은 것을 기억하지 않습니다), 그것은 바로 여러분의 핵심 아이디어, 여러분의 WHAT입니다.

이보다 더 **촌각을 다투는 비즈니스 상황이라 할지라도 핵심 아이디어는 절대적으로 필요합니다**. 이유는 이렇습니다. 여러분이 갈등을 성공적으로 소개했다면, 즉 청중의 관심을 끌었다면 그들은 불편함을 느끼고 있을 겁니다. 이렇게 생각하면서 말입니다. '흠, 그래? 확실히 문제가 있군!' 물론 여러분이 제대로 했을 때 얘깁니다.

어쨌든 그들은 그 불편함에서 한시라도 빨리 벗어나기를 원합니다. 그들에게는 지금, 갈등을 극복하고 여러분이 제시하는 해결책을 수용하게 할 또 하나의 정신적 매개가 필요합니다.

바로 여러분의 핵심 아이디어가 그들의 바람을 충족시키고, 안도감을 느끼게 할 것입니다. 그래야만 그들의 기억에 남을 수 있습니다.

여러분은 핵심 아이디어가 필요합니다-
청중이 기억하게 해야 할
단 한 가지입니다.
(청중은 모든 것을 기억하지 않기 때문입니다)

청중에게는
정신적 매개가 필요합니다
갈등을 극복해 내고
여러분의 해결책을 수용하도록
도와줄 것 말입니다
(바로 여러분의 핵심 아이디어입니다)

5장

핵심 아이디어

핵심 아이디어는 중요합니다. 그럼 지금 바로 그 중요한 핵심 아이디어로 좀더 들어가 보겠습니다. 핵심 아이디어란 정확히 무엇일까요? 혹시 여러분은 이렇게 생각하시나요? '잠깐, 난 핵심 아이디어를 많이 갖고 있어요!' 네, 그러실 겁니다. 하지만 여러분이 들려줄 비즈니스 스토리에는 주제가 될 단 하나의 핵심 아이디어가 필요합니다. 그것은 스토리에 영감을 채우고, 통찰을 불어넣으며, **다음에 등장할 것들에 대한 실질적인 프리뷰를 제공**합니다. 이를테면, 개봉 직전에 영화의 주요 장면들을 빠르게 편집해서 보여주는 '트레일러(예고편)'라고나 할까요? 즉, 이런 말입니다. "내가 이것들을 준비했으니, 꼭 봐주세요! 개봉박두……."

그런데 시간이 다 됐어요! 바로 결론으로 가면 안 되나요?

훌륭한 스토리 구축을 위해, 우리는 맥락을 설정했습니다. 불편한 갈등도 빚어냈습니다. 청중이 관심을 갖게 만든 것입니다. 그러나 잘 짜인 이야기에는 청중의 마음을 사로잡고 끝까지 이끌어 갈 통찰력 있는 핵심 아이디어가 필요합니다. 이것이 바로, 여러분의 청중이 기억해야 할 유일무이한 것입니다.

핵심 아이디어는
궁극의 BENEFIT과 함께
스토리의 WHAT을 포착한,
간결한 대화문입니다

핵심 아이디어의 예문들

다음은 직접 말로 전하거나 시각적으로 표현될 수 있는 비즈니스 핵심 아이디어
예문들입니다. 짧고, 간결하며, 전문 용어를 사용하지 않았다는 사실에 주목하세요.
더 자세한 방법은 〈8장: 핵심 아이디어, 쉬운 방법이 있어요〉를 참조하세요.

정상급 인재를 유지해 나갈 수
있는 프로그램에 더 투자해야
합니다.

새로운 태스크포스 팀을
운영하면 이윤 회복에 도움이
될 것입니다.

공급망 프로세스 혁신을
위해 협력합시다.

글로벌 비즈니스를 확장하려면
국경을 넘나드는 쇼핑객들에게 더욱
관심을 가져야 합니다.

직원 개인 단말기로 회사 기밀이
누출되는 것을 막기 위해서, 안전한
공간을 확보해야 합니다.

이번에는 이전에 살펴본 보험 스토리로 돌아가 봅시다. 먼저 WHY(차세대 보험가입자에게 다가가기 어려운 암담한 미래)를 구축하고 나서, HOW를 공개하기 전에, 다음과 같이 핵심 아이디어를 제공합니다.

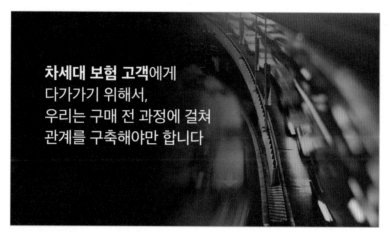

차세대 보험 고객에게
다가가기 위해서,
우리는 구매 전 과정에 걸쳐
관계를 구축해야만 합니다

이것이 핵심 아이디어입니다

이 핵심 아이디어는 앞으로 등장할 해결책의 힌트가 됩니다. 해결책은 고객과의 관계를 구축하기 위한 일련의 전략과 전술들입니다. 보다시피, 첫눈에 간결하게 느껴지고, 안도감을 줍니다. 상세한 차트나 글머리 기호로 가득 찬 페이지와 씨름하기보다는, 이와 같이 주제에 어울리는 배경 사진에 핵심적인 디테일을 간단한 문구로 만들면 청중이 쉽게 받아들일 수 있습니다. 간단해서 기억하기에도 좋습니다.

요점은...

여러분에게 허락된 시간이 단 1분이든, 5분이든, 또는 30분이든, 반드시 시간을 할애하여 비즈니스 스토리의 맥락(WHY)을 구축하고, 핵심 아이디어(WHAT)를 펼친 다음, 해결책(HOW)으로 힘차게 나아가야 합니다. 잠깐의 택시 합승, 중역과의 오찬, 또는 까다로운 원격 회의가 끝난 후에도 여러분의 메시지를 각인시키고 기억할 수 있게 하는 방법입니다. 언제든 그래야 합니다.

6장

모두 결합하기:
샘플 스토리

여러분은 알게 됐습니다. **훌륭한 스토리에는 항상 WHY, WHAT 그리고 HOW가 빠지지 않는다는** 것을요. 그럼 좀더 개괄적인 시선으로 앞선 보험 스토리를 다시 검토하고, 적절한 흐름 속에 배치된 모든 요소를 살펴보겠습니다. 먼저, 몇 가지 배경 지식이 추가됐군요. GO손해보험은 55년간 가족을 통해 대물림된, 신뢰받는 주택 및 자동차 보험 브랜드입니다.

01

02

03

배경 & 등장인물 — 갈등

07

더 간편한 검색 프로세스

08

고객 경험의 개인화

09

차별화된 제품 공급

해결책

하지만 그 가족들을 고객으로 유지하기 위해서는, 할머니나 할아버지, 부모 세대와는
다른 방식으로 보험에 가입하는 밀레니얼 세대와 Z 세대의 성향에 맞춰 나가야 합니다.

이 스토리는 명확한 WHY로부터 출발합니다. 먼저 등장인물(소비자)이 보험에 가입하는
방식을 보여주면서 보험 구매의 배경이 소개됩니다. 갈등은 '보험 가입의 복잡성'을
언급하면서 일어나고, 새로운 고객에게 접근하는 기존 방식이 점차 사라지고 있음을
데이터로 보여줄 때 고조됩니다. 이어서 공개되는 WHAT(핵심 아이디어)은, GO가 차세대
고객과의 관계를 구축해야 하는 필요성을 언급합니다. 최종적으로 HOW(해결책)에서는
세부 사항들을 명확하게 제시합니다. 마지막에는 핵심 아이디어를 다시 강조함으로써
메시지를 남기며, 스토리를 종료합니다.

갈등

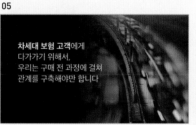

핵심 아이디어

해결책

이 스토리는 10개의 슬라이드로 된 프레젠테이션
자료입니다. 하지만 비즈니스 스토리는 어떤 형태와
크기로든 만들 수 있습니다. 계속되는 예제들을
확인하세요.

핵심 아이디어

정·리·합·시·다

스토리의 기본 골격이
모두 갖춰졌습니다

여러분은 기본을 갖추었습니다. 우리는 잘 짜인 스토리의
각 요소들을 살펴봤습니다. 그럼 스토리 구조의 기본
골격을 다시 한번 정리해 볼까요!

1

4가지 지표

모든 스토리에는 4가지 지표(배경,
등장인물, 갈등, 해결책)가 있어야
합니다.

2

첫 3가지 지표가 먼저
등장해야 합니다

지표의 순서는 중요합니다. 첫 3가지
지표는 도입부입니다(세 지표들 간의
순서는 달라질 수 있습니다). 그것들은
청중이 여러분의 스토리에 관심을
가져야 하는 WHY를 제공하며, 언어나
시각 자료로 표현할 수 있습니다.

3

핵심 아이디어가
필요합니다

청중이 기억하길 바라는 단 한 가지는
무엇인가요? 핵심 아이디어는 바로
여러분 스토리의 WHAT을 담고 있는
간단명료한 대화체 문장입니다.

4

핵심 아이디어로
안심시키세요

스토리에서 갈등을 드러냈다면,
이제 청중을 안심시킬
차례입니다. 핵심 아이디어는
갈등을 진정시키고, 앞으로
등장할 해결책에 대한 프리뷰를
제공합니다.

5

마지막으로, 해결책을
제시합니다

네 번째 지표인 해결책은 여러분만의
HOW, 즉 특기, 솔루션 또는 제안에
대한 세부 사항을 제시합니다.

PART 3

고맙습니다, 기본은 갖췄어요—

또 무엇이
도움이 될까요?

7장

능동적인 헤드라인으로 스토리를 진전시키세요

축하합니다! 이제 잘 짜인 스토리의 기본 골격을 갖췄습니다. 비즈니스 스토리의 실제 사례도 살펴봤습니다. 이를 통해 스토리의 WHY(배경, 등장인물, 갈등), WHAT(핵심 아이디어), 마지막으로 HOW(해결책)를 볼 수 있었습니다. 〈6장: 모두 결합하기: 샘플 스토리〉를 북마크해 두고 필요할 때 참고하시기 바랍니다. 비즈니스 커뮤니케이션의 스토리텔링 적용 방법에 대해서는 〈4부: 마술을 봅시다!- 일상적인 비즈니스에서 스토리텔링은 어떻게 나타날까요?〉에서 자세히 다루고 있습니다.

이제 다음 단계로 넘어갈 준비가 됐습니다. 이 기본 요소들을 배치한 상태에서, 여러분의 스토리에 추진력을 실어줄 강력한 도구를 적용할 것입니다.

소개합니다, 능동적인 헤드라인

한페이지 문서, 이메일 또는 프레젠테이션 슬라이드……. 여러분의 커뮤니케이션이 무엇이든 간에, 헤드라인headline은 여러분의 가장 중요한 아이디어를 나머지보다 위쪽에 올려놓을 겁니다. 헤드라인에는 3가지 중요한 역할이 있습니다. **청중을 한곳에 집중하게 만들고, 여러분이 서사를 조정할 수 있게 도와주고, 스토리를 앞으로 나아가게 만드는 것입니다.** 어렵게 들릴 수도 있지만, 잡지나 신문 기사를 떠올린다면 쉽게 이해할 수 있습니다. 뉴욕타임스New York Times부터 포브스Forbes, 패스트컴퍼니Fast Company에 이르기까지, 모든 뉴스 기사는 헤드라인을 통해 기사 내용을 미리 광고함으로써 독자의 관심을 사로잡습니다.

헤드라인은 여러분의
통찰이 담긴 대화문으로,
스토리를 진전시키는 데
도움이 됩니다

모든 뉴스 기사가 그렇듯, 여러분의 헤드라인은 핵심 아이디어와 통찰을 끌어내어 가장 우위에 올려놓아야 합니다.

슬라이드 덱은 헤드라인이 어떻게 스토리를 끌고 나가는지 보여주는 좋은 사례입니다. 슬라이드의 모든 제목은 효과적인 헤드라인을 사용할 수 있는 기회입니다. 이들을 모두 연결하면 마치 릴레이 경주처럼 작동합니다. 각 헤드라인은 다음 슬라이드 주자에게 '스토리 배턴'을 전달합니다. 그렇게 한 지점에서 (각각의 지표를 통과하며) 다음 지점으로 이어가면서 스토리를 마지막 '결승선'으로 안내해 갑니다.

이것이 바로 헤드라인이 그토록 중요한 이유입니다. 각 헤드라인이 드러내는 강력한 맥락과 시각적 신호는, 청중에게 '여러분이 스토리의 어디쯤에 있으며, 어디로 가고자 하는지' 보여줍니다. 호기심을 자극하는 뉴스 헤드라인들이 그렇듯이, 청중(독자/시청자/청취자)을 강력한 미끼로 사로잡아 여러분의 다음 목표 지점으로 청중을 이끌어 가는 것입니다.

헤드라인의 힘은 막강합니다 (그런데도 어디에나 막연한 제목들이 보이는 건 왜일까요?)

헤드라인이 보트에 신호를 보내는 등대처럼 주의를 집중시키고, 올림픽 릴레이 경주의 배턴처럼 스토리를 이끌어 갈 수 있음에도, 많은 비즈니스 종사자는 헤드라인을 사용하지 않습니다. 대신에 그들은 막연하고 수동적인 제목heading을 사용합니다.

'헤드라인'과 '제목'의 차이를 알고 싶다면, 잠깐 슬라이드를 떠올려 주세요. 슬라이드 상단에서 '다음 단계', '매출' 또는 지루하기 짝이 없는 '업데이트' 같은 제목들, 모두 본 적 있으시죠? 맞습니다. 이 제목 글씨들은 다른 어떤 단어나 그림보다 크고 굵직합니다. 쓸모도 없는데 말입니다. **슬라이드가 의논할 가치가 있음을 알리는 데 결코 도움이 되지 않습니다.** 스토리를 앞으로 나아가게 하지 않습니다. 그중 가장 최악은, 청중이 여러분의 메시지를 해독하기 위해 필요 이상으로 몰두하게 강요한다는 것입니다.

그런 제목은 끔찍한 자원 낭비입니다.

여러분이 기자의 사명감을 가지고 능동적인 헤드라인을 뽑아야 한다면, 먼저 여러분이 골라 놓은 헤드라인 뭉치를 1만 미터 상공에 있는 것처럼 떨어져서 관망해 봐야 합니다. 그것들이 어떻게 함께 어울리는지가 그렇게 중요할까요? (힌트: 네, 정말로 중요하답니다.)

능동적인 헤드라인은 전체 스토리의 윤곽을 잡아줍니다.

의사소통에 능한 사람들의 가장 인상적인 기술 중 하나는 아이디어와 사실, 데이터를 함께 엮어서 스토리의 흐름을 만드는 것입니다. 그러고는 그 여정으로 청중을 데려가지요. 진짜 그런지 한번 볼까요?

능동적인 헤드라인은 스토리의 여정을 위한 'GPS 로드맵'과 같습니다.

스토리의 주요 요소들을 설정했다면, 다음으로는 헤드라인을 작성하게 됩니다. 놀라운 일은, 헤드라인들을 서로 연결했을 때 내러티브의 윤곽이 완성된다는 것입니다. 여러분이 제대로 했는지 어떻게 확인하냐고요? **콘텐츠와 시각 자료들을 추가하기 전에, 헤드라인들만을 검토해 보세요.** 스토리가 확실하게 진전되나요? 스토리에 추진력이 생겼나요? 만일 그렇다면, 스토리의 윤곽이 완성된 것입니다. 여러분은 로드맵을 얻었습니다. 이제부터는 나머지 공간을 아이디어로 채워 나가기만 하면 됩니다.

더 좋은 점은, 일단 윤곽을 완성했다면, 이 헤드라인들이 모든 청중에게 중요한 안내자가 되어준다는 겁니다.

능동적인 헤드라인은
스토리의 뼈대를 이루는
프레임워크입니다.

청중이 길을 잃었을 때, 헤드라인이 길잡이가 됩니다

능동적인 헤드라인이 얼마만큼 청중을 여러분과 함께 하는 스토리의 여정에 머물게
하는지는, 아무리 강조해도 지나치지 않습니다. 우리가 흔히 겪는 다음 상황을 떠올려 보세요.

어느 날, 여러분은 10분 늦게 살금살금 회의실로 들어갑니다. 그리고 처음 5분간 놓친
부분을 알아내기 위해 고군분투합니다. 지각도 지각이지만, 상황을 이해하지 못하는 것이 더
당황스럽습니다.

'이런! 내가 놓친 부분이 뭐지? 지금은 어디쯤일까? 중요한 부분이 벌써 지난 것일까?'

슬라이드를 필사적으로 훑어봐도 명확하게 들어오지 않는다면, 아마도 '1분기 업데이트',
'의제', '시장 규모'……. 이런 식의 소극적인 제목이 붙어 있을 것입니다. 그것만 봐서는
도무지 감이 잡히지 않습니다. 하지만 **"1분기에는 이전 두 분기에 비해 엄청난 반전이
있었습니다"**라는 구체적인 정보가 담긴 헤드라인은 여러분이 바로 스토리에 들어갈 수 있게
해줍니다.

헤드라인은 스토리텔러를 위한 것입니다 (네, 바로 여러분을요!)

스토리들은 늘 탈선하기 마련입니다. 특히, 다음으로 넘어가자고 재촉하는 성급한 경영진을
만났을 때 더욱 그렇습니다. 공동 발표자가 갑자기 옆길로 샐 때, 도시락 카트가 도착할

때에도 탈선합니다. 이때, 스토리텔러만큼 GPS의 이득을 누리는 사람도 없습니다. 헤드라인은 예측할 수 없는 청중(그렇지 않은 청중이 있나요?) 앞에서, 여러분이 재빨리 궤도를 유지하도록 도와줍니다.

결론적으로 헤드라인은, 여러분의 스토리 전달을 도와주고, 스토리의 통제력을 유지하며, 스토리를 더욱 돋보이게 하고, 스토리의 경로로 언제든 돌아갈 수 있게 해줄, 간단하지만 영리한 길잡이입니다.

훌륭한 헤드라인 작성 가이드

헤드라인은 언제나 창의적인 것이 좋지만, 스토리를 진전시키는 원래 목적에 충실해야 합니다. 좋은 헤드라인은 간결하고, 구체적이며, 대화체입니다.

여기 강력한 헤드라인 작성을 위한 몇 가지 팁이 있습니다.

간결하게

불필요한 단어들을 없애고 간결하게 만드세요. 잘라내고! 다듬고! 편집하세요!

구체적으로

청중에게 가장 중요한 키포인트 데이터, 마감 시간, 또는 측정 단위를 포함합니다.

대화체로

헤드라인을 큰 소리로 읽어 보세요. 자연스럽게 들려야 하고, 전문 용어는 쓰지 말아야 합니다. 가령 여러분이 막혔을 때 슬라이드나 메일이 여러분을 대신해야 한다고 상상해 보세요. 어떻게 읽혀야만 할까요?

헤드라인이 첫째, 시각 자료는 둘째입니다

시각적인 스토리(운영 보고서나 슬라이드 덱, 한페이지 문서 등)를 구축하는 경우에도, 여러분은 **시각 자료 이전에 헤드라인부터 작성해야 합니다.** 스토리의 윤곽이 되는 헤드라인이 시각 자료 선택에 직접적으로 관여하기 때문입니다. 물론 아이디어들을 자유롭게 메모해도 좋지만, 디자인하기 전에 헤드라인을 먼저 짜는 편이 가장 좋습니다. (주목: 시각 자료를 위한 아이디어는 〈9장: 스토리를 시각화하는 5가지 검증된 방법〉을 참고하세요.)

이얍! 막막한 제목을 헤드라인으로 변신시켜 봅시다

우리는 헤드라인의 좋은 점을 이야기했습니다. 또한 그렇지 못한 제목들을 비난했습니다. 그럼 우리의 일상적인 비즈니스 커뮤니케이션에서 이 제목들이 어떻게 달라질 수 있는지 보여드리겠습니다. 다음 표의 왼쪽에는 우리에게 아무것도 말해 주지 않는 막연한 제목들이 있습니다. 오른쪽에는 청중의 관심을 끌고, 더 알고 싶게 만들며, 스토리의 가치를 더해 주도록 변신시킨 능동적인 헤드라인이 있습니다.

차이가 보이나요?

제목	헤드라인
매출	클라우드 출시 후 3년 이상 매출 급등
업데이트	X 프로젝트, 4분기 출시 예정
타임라인	신제품 발표는 3단계 시점으로 예상
소비자 행동	소비자 대부분은 연휴 기간에 모바일 기기 구입/교체
구현 일정	추세에 따르면 3~6개월 구현 일정이 정확

단어 수에 대한 한마디

방 안에 코끼리를 둔 격이라고요? 네, 맞습니다. 헤드라인은 제목보다 단어가 더 많습니다. 더 많은 정보를 담아야 하기 때문이지요. **헤드라인은 청중이 무엇을 알아야 하는지, 또 무엇을 해야 하는지를 콕 찍어서 알려줍니다.** 괜찮은 거래입니다. 슬라이드(또는 이메일이나 제안서) 제목의 단어는 늘어났어도, 그 단어들이 스토리에 훨씬 큰 이득을 가져다줄 테니까요. 소시지 필러 대신 값비싼 진짜 고기를 준다면 누구나 고마워하지 않을까요?

헤드라인을 모든 비즈니스 커뮤니케이션에 통합하면, 여러분은 이메일 제목이나 구두로의 전환을 갈망하던 귀중한 슬라이드 자원을 다시는 낭비하지 않게 될 것입니다.

여러분의 단어를 의미로 포장하고, 호기심을 이끌어 내고, 스토리를 강하게 밀고 나가세요.

그럴 만한 가치가 있습니다.

스토리 프레임워크에서 헤드라인 뽑아 내기

훌륭한 헤드라인 구축을 도와줄 가이드로 삼기 위해 다시 스토리텔링 프레임워크를 살펴보겠습니다. 다음은 4가지 지표 각각에 사용될 '시작' 헤드라인의 예문들입니다. (핵심 아이디어 헤드라인 예제는 〈8장: 핵심 아이디어, 쉬운 방법이 있어요〉를 참조하세요.)

목을 길게 빼지 않고,

눈을 가늘게 뜨지 않아도

여러분 콘텐츠의 중요성을

바로 파악할 수 있다면,

누구나 고마워할 것입니다

배 경	현재 그 어느 때보다도 많은…	1년 전에 우리가 출시한…	업계 전망은 …에 따른 기하급수적인 성장을 보여줍니다.
등장인물	…의 20% 중 한 사람, 댄을 만나보시죠.	나는 스마트폰을 보유하고 있고, 매일 …에 사용합니다.	밀레니얼 세대는 …의 부담에 직면해 있습니다.
갈 등	그러나 그중 절반은…	우리의 노력에도 불구하고…	하지만 우리 프로그램은 가시성이 부족하여…
해결책	여정은 …부터 시작합니다.	여기 우리의 솔루션이 있습니다.	설치는 간단한 3단계로 이루어집니다.

각각의 지표에서 헤드라인의 어조가 어떻게 쓰이고 있는지 보셨나요? 스토리의 배경에 사용되는 헤드라인은 중립적인 어조를 사용합니다. 등장인물을 소개하는 헤드라인은, 청중이 공감할 수 있는 집단의 인물들 관점으로 서술합니다. 또 갈등을 묘사할 때의 헤드라인은 긴장감 있고 부정적인 어조를 사용합니다. 말하자면 '그러나', '그럼에도', '하지만'과 같은 단어들을 써서 스토리의 전환을 표현합니다.

요점은…

능동적인 헤드라인은 스토리텔링의 필수 도구입니다

자, 이제 헤드라인도 챙겼습니다. 능동적인 헤드라인은 스토리텔링을 위한 여러분의 강력한 도구이자 GPS 로드맵입니다. 여러분이 보여주고자 하는 모든 차트, 도표 또는 글머리 기호 목록에 헤드라인을 붙여주세요. 모든 이메일의 제목줄도 헤드라인으로 채웁니다. 여러분이 원격 회의의 주최자라면 멘트로 '헤드라인'을 표현하세요. 헤드라인이 모든 비즈니스 대화를 주도하게 해야 합니다.

8장

핵심 아이디어,
쉬운 방법이 있어요

스토리텔링 키트를 알차게 갖춰봅시다. 우리가 〈5장: 핵심 아이디어〉에서 간단하게 훑어본 핵심 아이디어 개념을 좀더 자세히 들여다볼 차례입니다. 핵심 아이디어는 여러분이 말하게 될 모든 스토리의 심장이자 영혼입니다. 거기에는 청중을 사로잡을 통찰력이 있어야 합니다.

스토리에 포함된 모든 사실, 아이디어,
데이터 하나하나가 (아무리 작더라도)
여러분의 핵심 아이디어와
연결되어 있어야 합니다.
하나도 빠짐없이!

그러면 이제 스토리의 운명을 좌우하게 될 핵심 아이디어가 무엇이고, 어떻게 효과적으로 구축할 수 있는지 자세히 알아보도록 하겠습니다. 먼저 4가지 주요 특징입니다.

핵심 아이디어의 4가지 주요 특징

1. 핵심 아이디어는 스토리의 갈등을 해결합니다

첫 3가지 지표(배경, 등장인물, 갈등)는 스토리의 매우 중요한 토대입니다. 이 요소들은 여러분이 드러낸 문제(갈등)에, 청중이 관심을 갖는 이유가 된다는 것을 기억하실 겁니다. 청중이 여러분의 갈등에 관심을 갖게 하지 않는다면, 그들은 여러분의 해결책에도 관심을 갖지 않을 것입니다.

첫 3가지 지표가 설정되고 나면, 그 문제를 해결할 수 있는 방법이 있다는 것으로 청중을 안심시켜야 합니다. **이것이 여러분의 핵심 아이디어입니다.**

핵심 아이디어와 갈등은 마치 음양론과 같아 서로 분리될 수 없습니다. 핵심 아이디어가 명확하지 않다면, 아마 스토리에 뚜렷한 갈등이 없기 때문입니다. 스토리 구축 초기에 이 중요한 신호를 챙겨야 합니다.

2. 핵심 아이디어는 통찰을 제공합니다

강력한 핵심 아이디어에는 장밋빛 전망이 넘칩니다. 이 미래 힌트는 청중에게 새롭고 더 나은 기회에 대한 감동적인 프리뷰가 되어야 합니다. 앞서 〈2장: 데이터는 (남발하지만 않는다면) 빌런이 아닙니다〉에서, 우리는 통찰이 무엇이며, 그것이 어떻게 우리를 밝은 미래로 향하게 하는지 살펴봤습니다. 이것이 바로 핵심 아이디어가 수행하는 역할입니다. 그것은 여러분 이야기에 존재하는 다른 모든 통찰의 시조 할아버지 같은 존재입니다. 뛰어난 통찰이 그러하듯이, 그것은 **청중의 생각과 사고방식을 여러분이 원하는 곳으로 이끌어야 합니다.**

3. 핵심 아이디어는 실행 가능합니다

핵심 아이디어는 여러분의 통찰이 실행 가능해지는 지점이기도 합니다. 스토리텔링의 첫 세 지표가 안내하는 여정으로 청중을 이끌었습니다. 모든 새로운 통찰은 이전의 통찰을 기반으로 하여, 현 상황이나 갈등에 대한 청중의 이해도를 높입니다. 그리하여 여러분이 청중을 충분히 높은 곳으로 이끌었을 때, 그들은 재촉할 것입니다. "다음은 뭔가요?"

핵심 아이디어는 여러분의 통찰이 콜 투 액션으로 바뀌는 바로 그 지점입니다.

청중은, 그들이 무엇을 알아야 하고, 무엇을 해야 하는지를 간결한 한 문장만으로 알 수 있어야 합니다. 그렇게 된다면, 청중은 여러분 계획(해결책)의 세부 사항까지 호기심을 가지고 지켜볼 것입니다.

4. 핵심 아이디어는 전적으로 청중에게 초점을 맞춥니다

이는 매우 중요합니다(때로 어렵기도 합니다). 청중은 오로지 자신과, 자신의 니즈에 초점을 맞춘 핵심 아이디어에 관심을 가집니다. 그런데 여러분은, 여러분 자신에 대한 언급을 자제할 수 있나요? 이것만 지키세요! **핵심 아이디어에 절대로 회사 또는 제품명을 넣어서는 안 됩니다**(영업 사원에게는 이것이 특히 더 어려울 수 있습니다). 강력한 핵심 아이디어는 결코 하나의 제품이나 회사에 국한된 것이 아닙니다. 항상 그 뒤에 있는 더 원대한 개념에 관한 것입니다.

의사 결정권자들이 관심 갖는 것은 보다 원대한 개념입니다.

자… 핵심 아이디어 빨리 구축합시다

소매 걷어붙이고 핵심 아이디어를 만들 준비가 되셨나요? 여기 여러분이 알아 두셔야 할 것이 있습니다. 여러분의 핵심 아이디어는 다음 두 부분으로 구성됩니다.

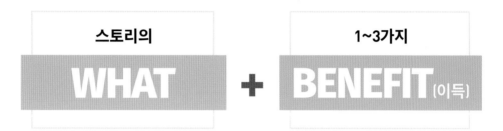

핵심 아이디어는 **스토리의 WHAT과 함께 궁극적인 몇몇 BENEFIT(이득)을 요약한, 간결하고 구체적인 대화문**입니다.

중요한 것은, 여러분의 핵심 아이디어가 청중의 영감을 불러 일으키고, 스토리의 갈등을 직접적으로 해결해야 한다는 것입니다. 그리고 한 가지 더 있습니다. 여기에 언급되는 궁극적인 몇 가지 BENEFIT(이득)은, 여러분이 앞으로 제시할 해결책에 대한 프리뷰가 되어야 합니다. 최대 3개 이하가 적당합니다.

여러분의 헤드라인과 마찬가지로, 핵심 아이디어도 자연스럽게 흘러가도록 합니다. 그러려면 여러분이 친구에게 하듯이, 핵심 아이디어를 자주 큰 소리로 말해 보기 바랍니다. 들었을 때 바로 이해가 되나요? 대화하듯 자연스럽나요? 혀끝에서 쉽게 술술 나오나요?

이제 핵심 아이디어를 더 잘 이해하기 위해, '너바나테크^{Nirvana Tech}'라는 기업을 살펴보겠습니다.

사례 연구

잠깐, 약간의 맥락이 필요하군요

공항 서비스 회사 너바나테크는 공항의 모든 스크린을 문제없이 가동시키기 위해, 24시간 스케줄로 전문가들을 파견합니다. 이 회사의 기술지원팀 선임 이사인 알렉스 폰테Alex Fuente는 최고재무관리자CFO에게 프레젠테이션할 기회를 얻게 됐습니다. 알렉스는 너바나테크의 서비스 기술자들을 위한 새로운 보상 구조를 제안하고, CFO의 승인을 받고자 합니다. 회사의 심야 시간대 이윤이 악화되고 있다는 사실을 발견했기 때문입니다. 그는 15분만에 주장을 펼치고 승인을 얻어야 합니다.

문제를 드러내기 위해, 알렉스는 먼저 WHY를 설명해야 합니다. 회사가 a) 이윤이 감소하고 있고, b) 비효율적인 보상 구조(이윤 손실의 원인)를 갖고 있다는 사실입니다. 핵심 아이디어는 그다음 등장합니다.

다음은 알렉스가 핵심 아이디어를 만드는 세 버전의 문구들입니다. 보시다시피 WHAT과 BENEFIT은 둘 다 스토리의 갈등을 직접적으로 해결하기 때문에, 그 순서는 문제가 되지 않습니다.

버전 #1	새로운 보상 구조(WHAT)가 이윤을 회복(BENEFIT)하는 데 도움이 됩니다
버전 #2	새로운 보상 구조(WHAT)가 있어야 이윤을 회복(BENEFIT)할 수 있습니다
버전 #3	이윤을 회복(BENEFIT)하려면 새로운 보상 구조(WHAT)가 필요합니다

WHAT	BENEFIT

핵심 아이디어는 사운드바이트로 만들 수 있습니다 (물론 꼭 그럴 필요는 없지만요)

사운드바이트 soundbite(인상적인 문구나 짧은 코멘트. 마치 음악에서 입에 착착 붙는 후렴구와 같은 것 -역주)란 무엇인가요? 핵심 아이디어의 사운드바이트는 거기 쓰인 단어들을 간결하게 축약해서, 전형적인 **WHAT+BENEFIT** 문장보다 한층 더 대화체에 가깝게 만든 것입니다. WHAT은 포함하되, BENEFIT은 포함하지 않습니다. 또한 사운드바이트는 입에서 술술 나오기 때문에 말로 하기에도 좋습니다. 일상적인 대화체와 친숙한 단어를 사용하므로, 회의나 발표가 끝난 후에도 청중이 쉽게 따라 할 수 있어 더욱 좋습니다.

주의: 사운드바이트는 자연스러워야 합니다

사운드바이트는 필수 사항이 아니므로 억지로 만들 필요는 없습니다. 사운드바이트가 핵심 아이디어로서 효과를 발휘하려면 본래의 WHAT+BENEFIT 문장을 강화하고, 뒷받침하며, 궁극적으로는 여러분의 핵심 아이디어를 더 자연스러운 대화로 전달할 수 있어야 합니다. 다시 말해서, 잘되면 좋지만…… 너무 많은 시간을 들일 필요는 없습니다.

핵심 아이디어 예문을 참고하세요

핵심 아이디어 (WHAT + BENEFIT)	핵심 아이디어 사운드바이트 (선택)
비즈니스 성과 향상을 위해 실적 현황판을 설치해야 합니다	'실행하기'를 클릭하세요
현상 유지 정책을 수용하면 고객의 니즈를 충족하고 경영권을 보호할 수 있습니다	'친환경 실행하기'를 할 때입니다

WHAT   BENEFIT

핵심 아이디어 사운드바이트에는 (BENEFIT 없이) WHAT만 포함됩니다

예문에서 힌트를 얻으세요

여러분의 핵심 아이디어는 전체 메시지의 토대가 됩니다. 자연스러운 메시지 전달을 위해 '문어체'가 아닌 '구어체'를 사용한다는 점에 유의하세요. 바로 참고할 수 있는 핵심 아이디어 문장을 살펴보시기 바랍니다.

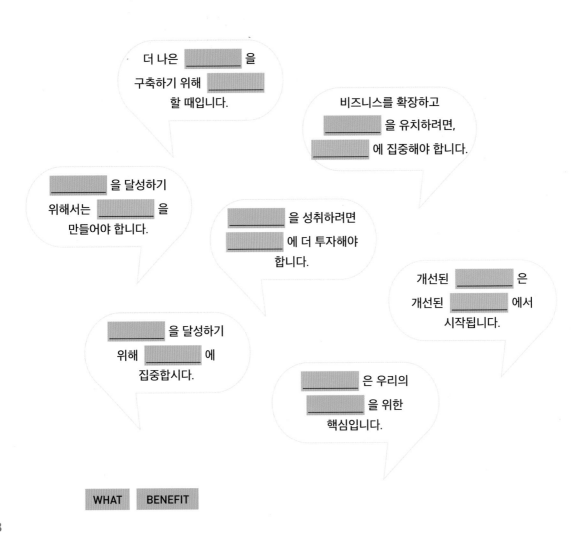

더 나은 _____ 을 구축하기 위해 _____ 할 때입니다.

비즈니스를 확장하고 _____ 을 유치하려면, _____ 에 집중해야 합니다.

_____ 을 달성하기 위해서는 _____ 을 만들어야 합니다.

_____ 을 성취하려면 _____ 에 더 투자해야 합니다.

_____ 을 달성하기 위해 _____ 에 집중합시다.

개선된 _____ 은 개선된 _____ 에서 시작됩니다.

_____ 은 우리의 _____ 을 위한 핵심입니다.

WHAT   BENEFIT

핵심 아이디어 체크리스트

핵심 아이디어를 요약해 보겠습니다. 강한 핵심 아이디어와 일반적인(약한) 아이디어
사이에는 근본적인 차이가 있습니다.

약한 아이디어	강한 아이디어
✗ 짧지 않습니다	✓ 간결합니다
✗ 전문 용어 그리고/또는 생소한 약어를 포함합니다	✓ 대화체입니다 (일상 언어를 사용합니다)
✗ 스토리의 WHAT이 포함되지 않습니다	✓ 스토리의 WHAT을 포함합니다
✗ BENEFIT이 뚜렷하지 않고 너무 많습니다	✓ BENEFIT이 명확합니다 (3개 이하)
✗ 기억하기 어려우며 다른 사람과 공유할 수 없습니다	✓ 기억하기 쉬워 다른 사람과 공유할 수 있습니다
✗ 청중에게 '어떻게' 또는 '자세히'라고 묻게 하지 않습니다	✓ 청중이 '어떻게' 또는 '자세히'라고 물으며 여러분에게 기대도록 합니다
✗ 배경/등장인물/갈등으로부터 해결책으로 스토리를 진전시키지 않습니다	✓ 배경/등장인물/갈등으로부터 해결책으로 원활하게 흘러갑니다

요점은...

이 장을 통해 우리는, 기본적인 스토리 구조에서 능동적인 헤드라인이 어떻게 작동하는
지, 핵심 아이디어를 어떻게 구축하는지에 대해서 알게 됐습니다. 이 도구들을 사용해서
스토리를 또 한 단계 끌어올릴 수 있게 된 것입니다. 이제 모든 것을 시각적으로 구현하기
위해, 실제적이고 검증된 방법을 (예제들과 함께) 살펴볼 차례입니다.

9장

스토리를 시각화하는 5가지 검증된 방법

우리는 시각적인 세계에 살고 있습니다. 고속도로 광고판과 TV 광고, 한시도 멈추지 않는 소셜 미디어 뉴스피드는 우리에게 끊임없이 메시지를 주입합니다. 하지만 자세히 들여다보면, 우리가 기억하는 영상들은 무작정 화려하거나 예쁘기만 한 것들이 아닙니다.

좋은 시각 자료는 고도의 전략을 사용하여 우리의 관심을 끌고 실행을 유도합니다.

이 논리는 비즈니스 커뮤니케이션에 직접적으로 적용됩니다. 잘 디자인된 시각 자료는 우리의 통찰과 제안들을 더욱 강화시킵니다. 즉, 이해하기 쉽고, 기억에 남게 하며, 실행하도록 부추깁니다.

시각 자료는 왜 더 기억하기 쉬울까요?

〈1장: 뇌과학자들을 만나보세요〉에서 만나본 존 메디나가 말했듯이, 누군가의 설명을 듣거나 글을 읽는 것보다 시각 자료가 더 기억에 남는 이유는 모두 뇌신경과학과 관련됩니다. 그는 시각적으로 표현된 아이디어가, 같은 내용의 인쇄물이나 발화보다 훨씬 더 빠르게 처리된다는 사실을 발견했습니다. 시각 자료들은 여러분의 아이디어에 인간미를 부여하고, 그것이 우리의 감성과 감정을 자극합니다. 그리고 **우리가 행동하도록 동기를 부여하는 것은 바로 (순수한 논리보다는) 감정입니다.**

반대로, 산만하거나 지루한 (텍스트와 숫자들만으로 채워진) 시각 자료들은 우리의 감정을 둔화시키고, 의사 결정을 더디게 만듭니다.

안타깝게도, 비즈니스 커뮤니케이션은 끔찍한 시각 자료들로 인해 어려움을 겪고 있습니다. 텍스트와 차트, 글머리 기호들에 갇혀 있지요. 시각 자료를 적절하게 만드는 것이 어째서 그토록 중요한지 알고 싶다면, 스스로에게 한 가지 질문해 보시기 바랍니다. **"이 프레젠테이션(또는 이메일이나 제안서)의 목적은 무엇인가?"** 의사 결정을 내리기 위해서, 또는 비즈니스 대화를 진전시키기 위해서가 아닌가요?

왜 최고의 시각화 계획이 끔찍한 실패의 길로 들어서는 걸까요?

보통 시각 자료들이 실패하는 이유는 둘 중 하나입니다. **a) 시간이 부족하거나 b) 믿고 따라갈 스토리 전략이 없거나.** 먼저 시간 얘기부터 하죠. 모든 사람이 시간을 아끼기 위해, 기존 콘텐츠를 재활용하거나 용도를 바꿔서 사용한다는 것을 우리는 너무나 잘 알고 있습니다. 우리는 한시라도 빨리 결승선을 통과하기 위해, 기존의 자료나 동료로부터 '빌려온' 슬라이드를 취합합니다. 처음에 이 방법은 정말로 시간을 절약하는 것처럼 보입니다. 그러나 실은 일관성을 포기한 대가일 뿐입니다. 왜 그럴까요? 먼저 스토리 전략을 세우지 않고서는 일관된 자료를 작성하는 것이 그만큼 어렵기 때문입니다. 스토리 전략은 스토리에 포함되어야 할 것들과 포함되어선 안 될 것들을 지시하는 필수적인 프레임워크를 제공합니다.

여러분이 슬라이드를 구성할 때 주의력, 의도, 혹은 스토리 전략이 없다면 여러분의 메시지는 종종 방향을 잃게 됩니다.

프랑켄데크! (괴물 시각 자료들이 사람들을 덮칠 때)

이런 종류의 일관성 없이 뒤죽박죽이 된 커뮤니케이션을 전문 용어로 프랑켄데크Frankendeck라고 부릅니다. 여러분도 익히 보셨을 겁니다. 프랑켄데크는 회의 자리에 출몰하고, 받은편지함에도 차고 넘칩니다. 결과는 공포스럽습니다! 청중을 혼란에 빠트리고, 명확한 메시지나 콜 투 액션call to action도 없습니다. 궁극적으로, 의사 결정에 영향을 미치고 비즈니스를 발전시킬 수 있는 기회를 놓치게 됩니다.

이 질 나쁜 시각 자료들은 비즈니스가 있는 곳 어디에나 있습니다. 데이터, 글머리 기호들, 텍스트는 끔찍하게 많고, 색, 폰트, 이미지에는 전혀 일관성이 없습니다. 아, 밑도 끝도 없고 오글거리는 스톡사진(임대나 판매를 목적으로 찍은 사진 모음 -역주) 얘기는 꺼내지도 맙시다.

그럼, 제대로 된 시각 자료는 어떻게 만들죠?

시각 자료 세트 (여러분이 선택하세요!)

여러분은 강력한 메시지에는 강력한 시각 자료가 절대적으로 필요하다는 것을 이해했습니다. 이제 스토리를 시각화하는 5가지의 잘 검증된 방법으로 들어가 보겠습니다. 우리가 살펴볼 사진, 다이어그램, 데이터, 텍스트, 비디오 자료는 모두 스토리를 진전시키는 데 가장 일반적으로 사용되는 자료들입니다.

사진

스토리텔링에서 사진은 진정 강력한 도구가 될 수 있습니다. 사진은 여러분의 메시지를 인간적으로 보이게 하고 청중을 감정적으로 연결시키기 때문에, 텍스트보다 훨씬 더 기억에 남습니다. 또한, 사진은 프레젠테이션에 분위기나 테마를 조성하고, 특히 인물에 대한 사실이나 데이터를 전달할 때 효과적입니다.

다이어그램

다이어그램의 좋은 점은, 다양한 형태와 색상으로, 정보를 소규모의 이해하기 쉬운 개념으로 분류하고 '단위화'할 수 있다는 점입니다. 다이어그램은 차트, 표, 타임라인이 너무 많아졌을 때 훌륭한 대안이 될 수 있으며, 주의를 집중시키고 핵심 메시지를 환기시켜 줍니다.

데이터

데이터는 보통 전형적인 차트나 그래프, 도표의 형태로 만들어집니다. 그러나 이제 과감하게 차트를 벗어나 보세요. 여러분의 통찰력 있는 핵심 데이터에, 대형 숫자와 텍스트, 그리고 기본 도형을 사용해서 시선을 집중시키고, 스토리에 추진력을 실어 주세요.

텍스트

맞아요, 텍스트도 시각
자료입니다! 사실상 가장 많이
사용되는 시각 자료입니다.
하지만 늘 지나친 게 탈입니다.
파워포인트 같은 범용
프로그램에서는 글머리 기호와
텍스트가 기본이기 때문에,
빠르게 훑어보기가 불가능할
정도로 빽빽하게 문장을 채우는
경우가 많습니다. 그러나,
텍스트는 색과 크기를 대비시켜
잘 구분되도록 만든다면 매우
효과적일 수 있습니다.

비디오

비디오는 비즈니스 스토리에서
완급을 조절하고, 음성과 매체에
변화를 줄 수 있는 훌륭한
방법입니다. 비디오는 스토리의
오프닝 분위기를 조성하고,
등장인물을 생동감 있게 만들며,
극적인 클로즈업으로 핵심
아이디어를 강화할 수 있습니다.
짧은 게 좋지만 전적으로
메시지에 따라 다릅니다.
또한 스토리 진행에 방해되지
않도록, 동영상에 쉽게 들어가고
빠져나오는 것도 중요합니다.

스토리 구조에 따른 시각 자료 사용법

앞서 스토리를 시각화하는 5가지 옵션을 살펴봤습니다. 이제 이 시각 자료들을 기본 스토리 구조에 적용하기 위한 몇 가지 지침을 알아봅니다. 잠시 복습하자면, 기본 스토리 구조에는 배경, 등장인물, 갈등, 해결책의 4가지 지표가 포함됩니다. (또한 WHY, WHAT, HOW를 통해서도 기본 스토리 구조를 확인할 수 있습니다.) 궁극적으로, 핵심 아이디어는 이 모든 것을 목적지까지 안내합니다. 그리고 유념하세요. 우리가 다룰 **시각 자료들은 각각의 비즈니스 스토리에 따라 다르게 선택된다**는 것을요. 반드시 따라야 하는 철칙이 아닙니다.

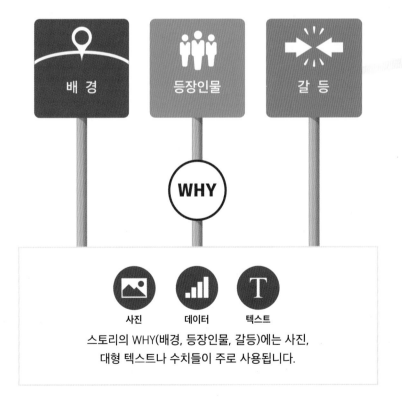

스토리의 WHY(배경, 등장인물, 갈등)에는 사진,
대형 텍스트나 수치들이 주로 사용됩니다.

WHAT

핵심 아이디어

사진   텍스트

스토리의 WHAT(핵심 아이디어)에서는,
대형 텍스트로써 문장을 확실하게
강조해야 합니다. 질감 있는 배경이나
사진을 넣어도 좋지만 필수 사항은
아닙니다.

해결책

HOW

다이어그램   데이터   텍스트   비디오

스토리의 HOW(해결책)에는 다이어그램이나 데이터,
텍스트, 비디오 자료를 사용해, 스토리의 세부 정보를
생동감 있게 표현합니다.

시각 자료 선택에는 언제나 적절한 균형이 필요합니다.

시각 자료들을 적절하게 조합하기 위한 과학적 방법이 있는 것은 아닙니다. 하지만 어느 정도의 다양성을 갖는 것이 좋습니다. 우리는 늘, 특정한 사진, 차트 또는 도표와 사랑에 빠지지 말라고 충고합니다. 언제나 자신의 스토리를 염두에 두는 것이 우선이고, (스토리를 직접적으로 뒷받침할) 시각 자료 선택은 그다음입니다.

다음은, 체크해야 할 몇 가지 사항들입니다.

반복을 피합니다

한 종류의 시각 자료가 스토리를 도배한 것처럼 보이지 않도록 합니다. 사진이 너무 많다거나, 텍스트로 가득하거나, 도표 일색이라고 느껴진다면, 선택한 것들을 다시 검토해 조합할 수 있는 방법을 찾아야 합니다.

단순함을 유지합니다

그러나 모든 종류의 시각 자료를 사용할 필요는 없습니다. 앞과는 반대 급부로, 다양한 시각 자료를 사용하려고 집착하지 마세요. 그리고 새로운 시각적 접근 방식에 대해서 두려워하지 마세요.

적당한 텍스트는 효과적입니다

텍스트로 가득 찬 슬라이드는 청중이 받아들이기 어렵습니다. 하지만 단독으로 사용된 텍스트는 효과를 발휘할 수 있습니다. 우리는 특히 짧은 선언문 같이, 그 자체만으로 간결하고 강력한 '시각적 공백' 가운데 있는 텍스트를 선호합니다. 기억하시길! **적을수록 좋아집니다.**

과감한 변신: 슬라이드 편집하기!

우리는 지금까지, 핵심 아이디어의 면면을 해부하고, 능동적인 헤드라인으로 스토리를 진전시켰으며, 마지막에는 가장 일반적인 시각 자료 5가지로 스토리에 생동감을 불어넣을 시각화 기술을 배웠습니다. 하지만, 셀 수 없이 넘쳐나는 인기 리얼리티 쇼에서 보셨듯이, 최악의 '괴물'이 되느냐, '우승감'이 되느냐를 가르는 결정타는, 두둥! 바로 과감한 변신입니다.

자, 화끈하게 변신하는 7개의 슬라이드 속으로 함께 들어갑시다. 잘못된 슬라이드가 어느 지점에서 내리막으로 치닫는지, 잘된 슬라이드는 어디서부터 상승하는지 보시게 될 겁니다. 여러분은, 청중에게 정확히 무엇을 알아야 하고 무엇을 해야 하는지 단번에 알려줄 방법을, 7개의 강력한 예제들에서 확인할 수 있습니다. 또한, 단순하고 명확하며 뛰어난 비주얼은 우연히 탄생하지 않는다는 사실도 상기하게 될 것입니다.

신중하게 선택한 시각 자료는 성공적인 스토리텔링으로 가는 핵심 원동력입니다.

예고

각 예제 페이지 상단에는 '이전&이후' 슬라이드가 아무 표시 없이 제시됩니다. 하단의 '이전'과 '이후' 슬라이드에서는, 문제가 있는 부분과, 성공적으로 수정된 사항들을 각각 지적합니다. (예제 페이지 하단을 가려서 무엇이 잘못되고, 또 잘됐는지 직접 판단해 보는 것도 흥미로울 겁니다. 어떻게 판단하실까요?)

비디오 게임 통계

- 전 세계에서 활동 중인 비디오 게이머는 27억 명입니다
- 미국 게임 인구 중 45%는 여성 게이머입니다
- 26-35세의 성인들이 비디오 게임에 보내는 시간은 주당 8시간 이상입니다

Source: State of Online Gaming, Limelight Networks

이전 스토리   무엇이 문제인가요?

타이틀이
'막연한'
제목입니다

데이터가 단락
속에 묻혀
있어, 알아보기
어렵습니다

비디오 게임 통계

- 전 세계에서 활동 중인 비디오 게이머는 27억 명입니다
- 미국 게임 인구 중 45%는 여성 게이머입니다
- 26-35세의 성인들이 비디오 게임에 보내는 시간은 주당 8시간 이상입니다

Source: State of Online Gaming, Limelight Networks

사진의 스타일과
배치에 일관성이
없습니다

비디오 게임 산업은
침체될 기미가
보이지 않습니다

27억
전 세계에서 플레이 중인
비디오 게이머

45%
미국 게임 인구 중
여성 게이머

8 시간 이상
26-35세의 성인들이 비디오 게임에
보내는 주당 시간

Source: State of Online Gaming, Limelight Networks

이후 스토리   무엇이 성공적인가요?

타이틀이 헤드라인입니다
(간결하고, 구체적이며,
대화체입니다)

크게 표시된 데이터
수치는 단번에
알아볼 수 있습니다

비디오 게임 산업은
침체될 기미가
보이지 않습니다

27억
전 세계에서 플레이 중인
비디오 게이머

45%
미국 게임 인구 중
여성 게이머

8 시간 이상
26-35세의 성인들이 비디오 게임에
보내는 주당 시간

Source: State of Online Gaming, Limelight Networks

사진의 스타일과 배치가
일관적입니다

고객과의 유대

- **소셜 미디어 연결**
  - 링크트인(Linked In) 또는 트위터(Twitter)에서의 관계 연결 및 유지
- **체크인 통화**
  - 명확하고 개방적인 커뮤니케이션으로 관계 유지 및 정보 제공
- **대면 미팅**
  - 관계 증진 및 보다 친밀한 관계 형성

이전 스토리　**무엇이 문제인가요?**

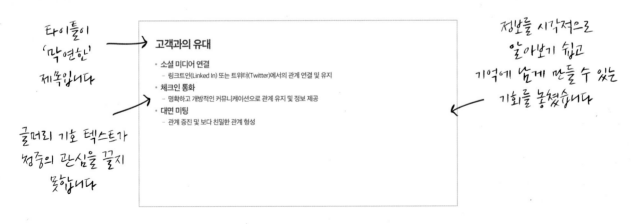

타이틀이
'막연한'
제목입니다

고객과의 유대
- 소셜 미디어 연결
  - 링크트인(Linked In) 또는 트위터(Twitter)에서의 관계 연결 및 유지
- 체크인 통화
  - 명확하고 개방적인 커뮤니케이션으로 관계 유지 및 정보 제공
- 대면 미팅
  - 관계 증진 및 보다 친밀한 관계 형성

글머리 기호 텍스트가
청중의 관심을 끌지
못합니다

정보를 시각적으로
알아보기 쉽고
기억에 남게 만들 수 있는
기회를 놓쳤습니다

이후 스토리   무엇이 성공적인가요?

타이틀이
헤드라인입니다
('3가지 방법'을
구체적으로 언급합니다)

배색 도형과
아이콘으로 정보를
'단위화' 함으로써
내용을 이해하기
쉽게 만들었습니다

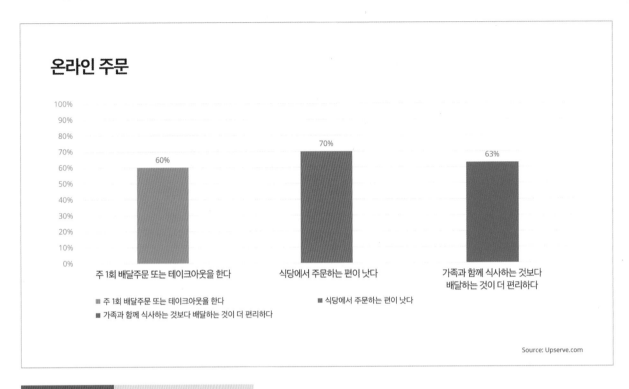

이전 스토리　무엇이 문제인가요?

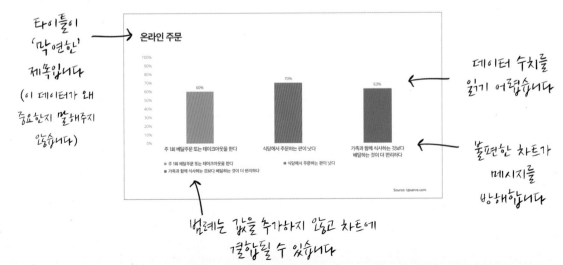

타이틀이
'막연한'
제목입니다
(이 데이터가 왜
중요한지 말해주지
않습니다)

데이터 수치를
읽기 어렵습니다

불편한 차트가
메시지를
방해합니다

범례는 값을 추가하지 않고 차트에
결합될 수 있습니다

능숙한 레스토랑 운영자들은 온라인 주문의 위력을 알고 있습니다

60%
의 미국 소비자는 주 1회
배달주문 또는
테이크아웃을 합니다

70%
의 미국 소비자는
식당에서 직접 주문하는
편이 낫다고 생각합니다

63%
의 미국 소비자는
가족과의 식사보다
배달의 편리함을 선호합니다

통합 주문 솔루션으로
매출을 끌어 올리세요

Source: Upserve.com

이후 스토리　무엇이 성공적인가요?

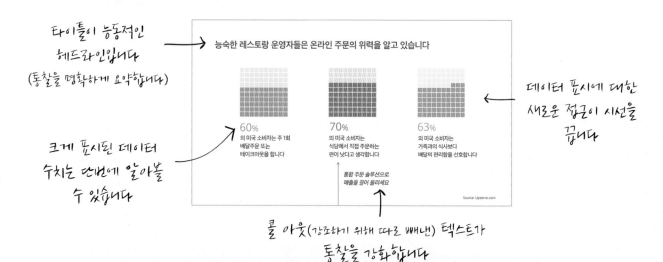

타이틀이 능동적인
헤드라인입니다
(통찰을 명확하게 요약합니다)

크게 표시된 데이터
수치는 단번에 알아볼
수 있습니다

데이터 표시에 대한
새로운 접근이 시선을
끕니다

콜 아웃(강조하기 위해 따로 빼낸) 텍스트가
통찰을 강화합니다

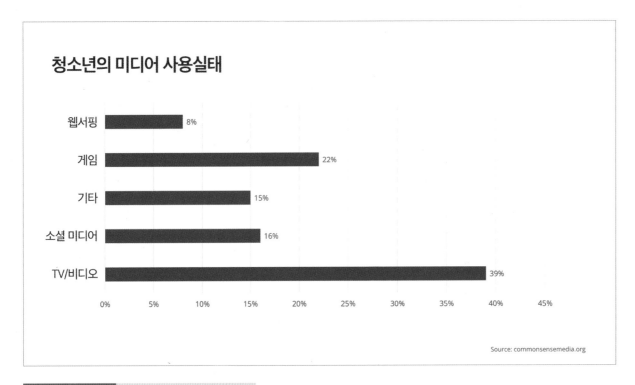

이전 스토리   무엇이 문제인가요?

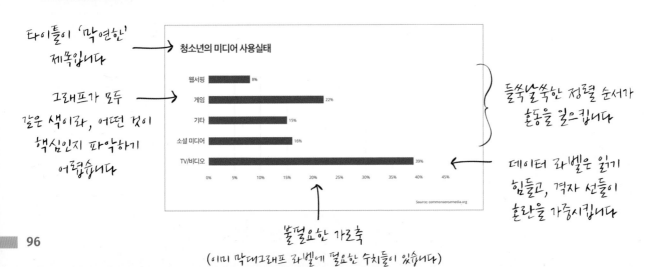

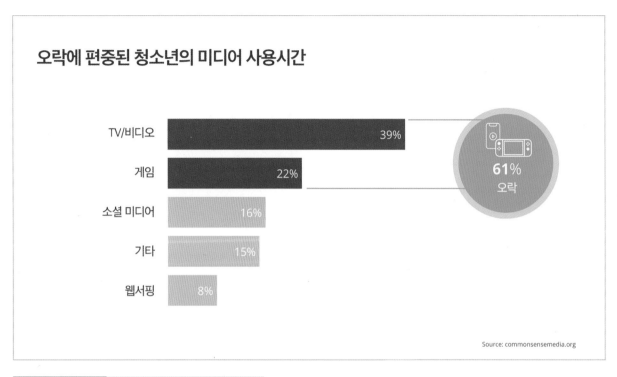

오락에 편중된 청소년의 미디어 사용시간

- TV/비디오 39%
- 게임 22%
- 소셜 미디어 16%
- 기타 15%
- 웹서핑 8%

61% 오락

Source: commonsensemedia.org

이후 스토리 **무엇이 성공적인가요?**

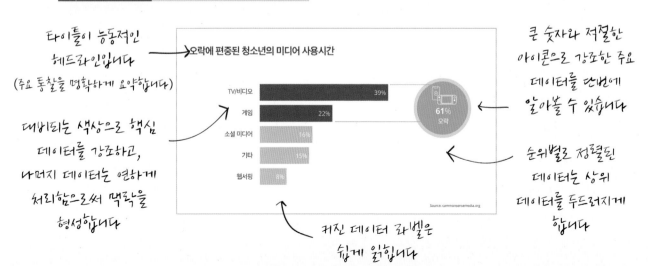

타이틀이 능동적인
헤드라인입니다
(주요 통찰을 명확하게 요약합니다)

데비되는 색상으로 핵심
데이터를 강조하고,
나머지 데이터는 연하게
처리함으로써 맥락을
형성합니다

오락에 편중된 청소년의 미디어 사용시간

- TV/비디오 39%
- 게임 22%
- 소셜 미디어 16%
- 기타 15%
- 웹서핑 8%

61% 오락

Source: commonsensemedia.org

커진 데이터 라벨은
쉽게 읽힙니다

큰 숫자와 적절한
아이콘으로 강조한 주요
데이터를 단번에
알아볼 수 있습니다

순위별로 정렬된
데이터는 상위
데이터를 두드러지게
합니다

상위 매출 영화 배급사

		영화 수	총매출	시장 점유율
1	월트 디즈니	571	$39,688,247,167	16.94%
2	워너 브라더스	802	$35,592,155,457	15.19%
3	소니 픽처스	728	$28,777,646,671	12.28%
4	유니버셜	511	$27,464,279,056	11.72%
5	20세기 폭스	519	$25,853,240,689	11.04%
6	파라마운트 픽처스	481	$24,231,319,306	10.34%
7	라이온스게이트	415	$9,537,881,421	4.07%
8	뉴라인	207	$6,194,343,024	2.64%
9	드림웍스	77	$4,278,649,271	1.83%
10	미라맥스	384	$3,835,978,908	1.64%

https://www.the-numbers.com/market/distributors

이전 스토리 **무엇이 문제인가요?**

타이틀이 '막연한' 제목입니다

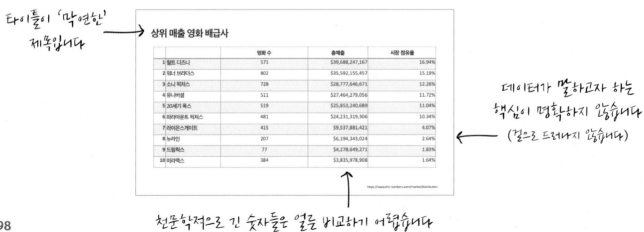

데이터가 말하고자 하는 핵심이 명확하지 않습니다 (겉으로 드러나지 않습니다)

천문학적으로 긴 숫자들은 얼른 비교하기 어렵습니다

매출 1, 2위의 영화 배급사가 전체 시장의 1/3을 점유

순위	영화 제작사	영화 수	총매출	시장 점유율	
1	월트 디즈니	571	$39.7B	16.9%	
2	워너 브라더스	802	$35.6B	15.2%	32%
3	소니 픽처스	728	$28.8B	12.3%	
4	유니버설	511	$27.5B	11.7%	
5	20세기 폭스	519	$25.9B	11.0%	
6	파라마운트 픽처스	481	$24.2B	10.3%	
7	라이온스게이트	415	$9.5B	4.1%	
8	뉴라인	207	$6.2B	2.6%	
9	드림웍스	77	$4.3B	1.8%	
10	미라맥스	384	$3.8B	1.6%	

https://www.the-numbers.com/market/distributors

이후 스토리　　무엇이 성공적인가요?

타이틀이 능동적인
헤드라인입니다
(주요 통찰을 명확하게 요약합니다)

주요 데이터에
아웃라인을 두르고
녹색으로 구별하여 시선을
집중시킵니다

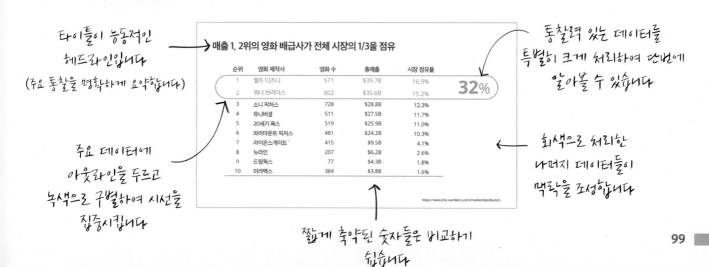

통찰력 있는 데이터들을
특별히 크게 처리하여 단번에
알아볼 수 있습니다

회색으로 처리한
나머지 데이터들이
맥락을 조성합니다

짧게 축약된 숫자들은 비교하기
쉽습니다

폐기물 재활용

- 75%의 폐기물은 재활용 가능합니다
  - 유리
  - 종이
  - 판지
  - 금속
  - 플라스틱
  - 타이어
  - 섬유
  - 배터리
  - 전자 제품
- 플라스틱을 재활용하면 소각 비용의 두 배를 절약할 수 있습니다

Source: rubicon.com

이전 스토리 무엇이 문제인가요?

타이틀이 '막연한' 제목입니다 →

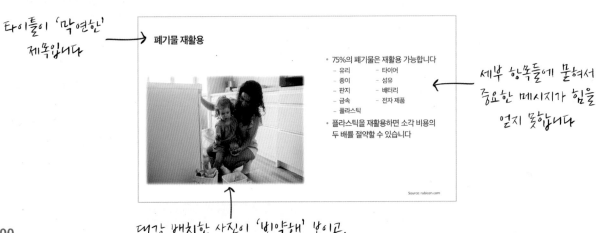

← 세부 항목들에 묻혀서 중요한 메시지가 힘을 얻지 못합니다

대강 배치한 사진이 '빈약해' 보이고, 별로 중요해 보이지 않습니다

이후 스토리 **무엇이 성공적인가요?**

타이틀이 헤드라인입니다
(간결하고, 구체적이며,
대화체입니다)

산뜻한 색상의 도형과
큰 숫자가 데이터를 단번에
파악할 수 있게 합니다

화면을 꽉 채운
사진이 핵심 통찰에
어울리는 '분위기'를
조성합니다

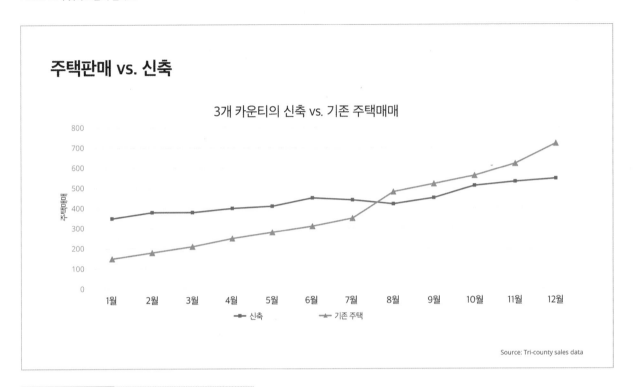

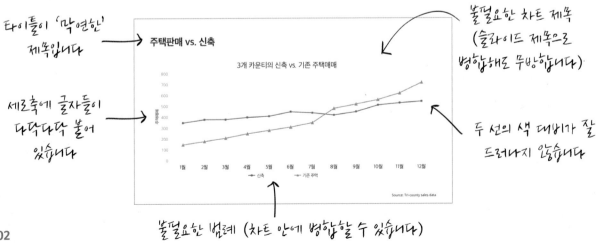

이전 스토리   무엇이 문제인가요?

타이틀이 '막연한' 제목입니다

세로축에 글자들이 다닥다닥 붙어 있습니다

불필요한 차트 제목 (슬라이드 제목으로 병합해도 무방합니다)

두 선의 색 대비가 잘 드러나지 않습니다

불필요한 범례 (차트 안에 병합할 수 있습니다)

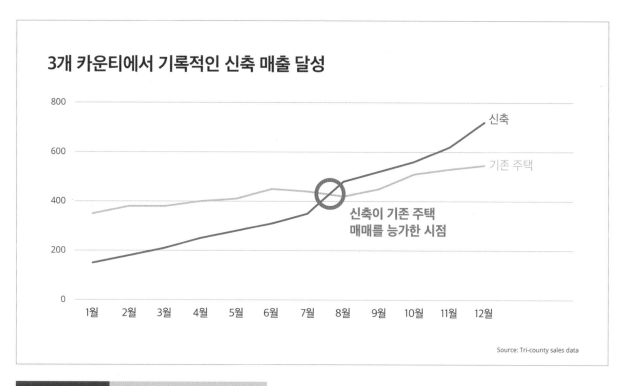

3개 카운티에서 기록적인 신축 매출 달성

신축이 기존 주택
매매를 능가한 시점

Source: Tri-county sales data

이후 스토리 　무엇이 성공적인가요?

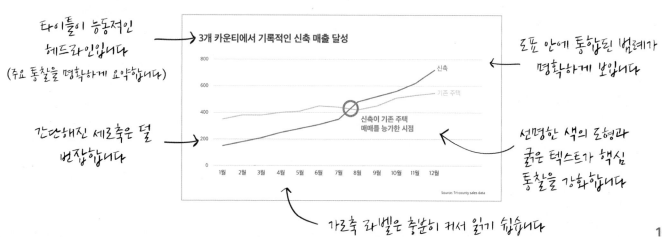

타이틀이 능동적인
헤드라인입니다
(주요 통찰을 명확하게 요약합니다)

도표 안에 통합된 범례가
명확하게 보입니다

간단해진 세로축은 덜
번잡합니다

선명한 색의 도형과
굵은 텍스트가 핵심
통찰을 강화합니다

가로축 라벨은 충분히 커서 읽기 쉽습니다

정·리·합·시·다

헤드라인, 핵심 아이디어 그리고 의도적인 시각화

여러분의 도구 키트는 이제 더욱 막강해졌습니다. 능동적인 헤드라인과 간결한 핵심 아이디어 그리고 의도된 시각화 기술이, 프레임워크로부터 스토리 구축을 도와줄 것입니다.

1

헤드라인 뉴스

슬라이드(또는 한페이지 문서나 이메일 제목)의 첫 줄에서 빛나게 될 헤드라인은 중요합니다. 능동적인 헤드라인은 가장 중요한 아이디어를 나머지들 위로 떠오르게 해줍니다. 청중의 초점을 한곳에 맞추고, 완급을 조절할 수 있게 하며, 스토리를 진전시킵니다.

2

여러분의 '핵심 아이디어'

핵심 아이디어는 스토리의 WHAT과 궁극적인 몇 가지 이득을 담은, 간결하고 구체적인 대화체 문장입니다. 청중에게 중요한 통찰을 제공하고, 실행 가능하며, 전적으로 청중의 니즈에 초점을 맞추어야 합니다. 그 외에 모든 사실, 기타 아이디어, 각각의 데이터는 핵심 아이디어를 직접적으로 뒷받침해야 합니다.

3

5가지 시각화 기술

모든 잘 만들어진 시각화는 전략적입니다. 명확한 서술
구조 없이, 온갖 소스에서 가져온 '예쁜' 슬라이드를
뒤섞어 프랑켄데크의 늪에 빠지지 않도록 주의해야
합니다. 단순함과 균형을 염두에 두고, 자료들의 지나친
반복을 피함으로써 스토리를 생동감 있게 유지해야
합니다. 충분히 검증된 5가지 시각화 기술은 사진,
다이어그램, 데이터, 텍스트, 그리고 비디오입니다.

PART 4

마술을 봅시다!──

일상적인 비즈니스에서 스토리텔링은 어떻게 나타날까요?

10장

제안서 작성하기

여러분의 도구함이 모두 채워졌군요. 이제 그 안에는 여러분의 아이디어, 사실 및 데이터를 잘 펼쳐줄 스토리텔링 프레임워크와 프로세스가 들어 있습니다. 핵심 아이디어를 드러나게 하고, 능동적인 헤드라인을 통해 스토리를 진전시키고, 잘 검증된 시각화 기술로 그것들을 빛나게 하는 방법을 익힘으로써, 스토리를 정교하게 탄생시킬 강력한 도구를 갖게 된 것입니다. 이제 이 모든 재료가 한데 어우러져 어떤 마법이 탄생하는지 지켜볼 차례입니다.

여러분과 여러분의 상사, 동료들, 그리고 비즈니스를 하는 이 땅의 모든 이가 직면하는 가장 흔한 비즈니스 시나리오로 시작합니다.

가상이지만 매우 일반적인 문제에 직면한 두 회사를 살펴보겠습니다. 각 예제에는 동일한 제안의 잘못된 버전과 잘된 버전이 등장합니다. 처음 버전에서는 문제가 된 지점들(일반적으로 겪는 것들입니다)을 구체적으로 지적하고, 다음 버전에서는 어떻게 그것들이 효과적으로 탈바꿈되는지 보여줄 것입니다. 이전 장에서 우리가 배운 것들을 상기한다면, 어렵지 않게 차이를 간파하리라 생각합니다. 그럼 출발합니다.

사례 연구

응급 의료보다 더 긴급한 문제들

시애틀에 본사를 둔 하모니헬스Harmony Health는 병원과 응급 의료, 의사, 약국, 클리닉, 실험실 서비스의 네트워크를 갖춘 의료 회사입니다. 60년에 걸쳐, 회사는 서부 해안의 3개 주로 확장했으며, 8,500명을 고용했고, 사실상 모든 의학 분야에 종사하는 1,500명의 의사들로 구성된 네트워크를 갖추고 있습니다.

의료 서비스를 자주 이용하는 젊은 미국인들에게서 기회를 감지한 하모니는 확장 계획의 일환으로, 현재 응급 의료 네트워크를 구축하고 있습니다. 하지만 경쟁이 만만치 않습니다. 날로 늘어나는 소매 형태의 신규 응급 의료 센터(퀵케어QuickCare, 스피드헬스SpeedHealth, 닥터줌Dr. Zoom 등) 역시 확장에 박차를 가하고 있기 때문입니다.

하모니는 여기에, 잠재적으로 더 심각해질 수 있는 또 다른 문제에 직면해 있습니다. 그들의 응급 진료 환자들은 서비스에 만족해하지 않습니다. 유명 소비자 리뷰 사이트에는 점점 더 부정적인 리뷰가 늘어나고 있습니다. 이러한 리뷰에 대해 우려하던 경영진은 추가 조사를 위해 방문 후 설문 조사를 실시했습니다. 우려하던 대로, 많은 환자가 진료소를 재방문하거나 다른 사람에게 추천할 의사가 없다고 응답했습니다.

고객경험전략 책임자인 테레사 닐슨Teresa Nielsen이 이끄는 소규모의 종합팀이 이 사안을 담당하고 있습니다. 그녀는 하모니의 경영진에게, 응급 환자들이 서비스에 만족하지 못하는 이유를 설명하고, (진료소 수를 늘리는 것을 고려하기 전에) 문제를 해결할 수 있는 방법을 제안할 계획입니다.

이전 스토리 · 무엇이 문제인가요?

01

응급 의료 계획

테레사 넬슨
고객경험전략 팀장

HarmonyHealth

02

업데이트

- 단기간에 별 5개의 만족도를 달성하기 위해 ('신속한 해결책'을 통한) 단기적 개선과 함께 장기적 개선이 필요합니다
- 혁신이 주도하는 업계 최고 수준의 경험을 창출하기 위해서는 기술이 핵심 역할을 해야 합니다
- 환자의 접근성을 향상시키기 위해 관계를 구축할 커뮤니티에 참여해야 합니다
- 하모니 UC의 온라인 평가 등급이 경쟁사에 비해 낮습니다
- 리뷰가 부정적이며, 많은 리뷰어가 '더럽고', '어수선하고', '냉랭안' 대기실을 재방문하고 싶지 않은 주요 원인으로 언급합니다
- 현장 조사(당사 시설 방문)가 이러한 의견을 뒷받침합니다

03

해결책 1: 즉시 개선

바로 개선할 수 있는 것들을 찾아야 합니다

- 적은 좌석 배치를 위한 클러스터 의자 사용
- 손 세정제/마스크 디스펜서 및 안내판 설치
- 자동 핸즈프리 쓰레기통으로 교체
- 정수기 업그레이드
- 대기실 청소 주기를 시간당 2회로 증가

해결책 & 갈등

07

응급 의료 센터 수와 업계 매출

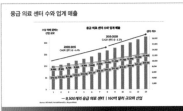

— 9,500개의 응급 의료 센터 | 160억 달러 규모의 산업

08

고객 만족도 vs. 기대치 vs. 행동

09

하모니 vs. 경쟁업체

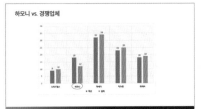

배경 & 등장인물

정보의 무덤에 오셨습니다

그리고, 보시다시피… 이 문제적 스토리는 그녀의 제안을 설득하는 데 전혀 도움이 되지 못합니다. 뭐가 잘못됐는지 빠르게 훑어볼까요? 바로 드러나는 문제가 있습니다. **청중이 왜 이 문제에 관심을 가져야 하는지 WHY를 알기도 전에, 제안 사항(해결책)으로 스토리가 시작됩니다.** 해결해야 할 갈등은 일찌감치 나타나긴 하지만 깊숙이 묻혀 있습니다. 스토리의 말미에 다시 등장하지만 이미 때는 늦었습니다. 갈등 없이 해결책만 있는 스토리가 되고 말았습니다.

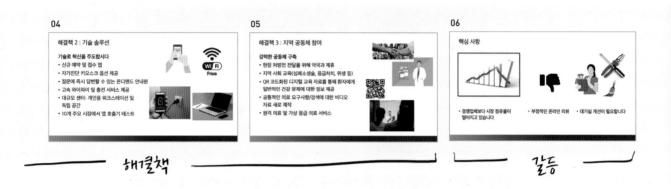

당연히 배경과 등장인물도 함께 묻혔습니다. 스토리의 맥락을 제공해야 할 것들이 너무 늦게 등장합니다. 또한 여기에는 무엇에 관한 스토리인지(WHAT), 의사 결정권자가 무엇(WHAT)을 해야 하는지를 설명하는 핵심 아이디어가 없습니다. 막연하고 소극적인 슬라이드 제목은 스토리를 진전시키지 못합니다. 마지막으로, 시각 자료들은 아마추어적이고, 전략이 부족하며, 스토리를 강화하지 못합니다. 어떻게 생각하냐고요? 이것은 스토리라기보다는 정보의 무덤에 가깝습니다.

이전 스토리　**무엇이 문제인가요?**

타이틀에 정보가
없고, 능동적으로
표현할 수 있는
기회를 놓쳤습니다

타이틀이 '막연한' 제목입니다

업데이트

프레젠테이션이
해결책으로
시작합니다

- 단기간에 별 5개의 만족도를 달성하기 위해 ('신속한 해결책'을 통한)
  단기적 개선과 함께 장기적 개선이 필요합니다
- 혁신이 주도하는 업계 최고 수준의 경험을 창출하기 위해서는
  기술이 핵심 역할을 해야 합니다
- 환자의 접근성을 향상시키기 위해 관계를 구축할 커뮤니티에
  참여해야 합니다
- 하모니 UC의 온라인 평가 등급이 경쟁사에 비해 낮습니다
- 리뷰가 부정적이며, 많은 리뷰어가 '더럽고', '어수선하고', '엄망인'
  대기실을 재방문하고 싶지 않은 주요 원인으로 언급합니다
- 현장 조사(당사 시설 방문)가 이러한 의견을 뒷받침합니다

갈등이 묻히고,
스토리의 WHY가
제대로 구축되지
않았습니다

무엇이 문제인가요?

역시 타이틀이
'막연한'
제목입니다

03

해결책 1 : 즉시 개선

바로 개선할 수 있는 것들을 찾아야 합니다
- 적은 좌석 배치를 위한 클러스터 의자 사용
- 손 세정제/마스크 디스펜서 및 안내판 설치
- 자동 핸즈프리 쓰레기통으로 교체
- 정수기 업그레이드
- 대기실 청소 주기를 시간당 2회로 증가

대충 골라서
무질서하게 배치한
시각 요소들은 결코
도움이 되지 않습니다

청중이 관심을 가져야 될 WHY를 알기도 전에, HOW(해결책)의
세부 사항이 먼저 공개됩니다

막연하고 평범한
타이틀 때문에
스토리를 진전시킬
수 있는 기회를
놓쳤습니다

04

해결책 2 : 기술 솔루션

기술로 혁신을 주도합시다
- 신규 예약 및 접수 앱
- 자가진단 키오스크 옵션 제공
- 질문에 즉시 답변할 수 있는 온디맨드 안내원
- 고속 와이파이 및 충전 서비스 제공
- 대규모 센터: 개인용 워크스테이션 및
  독립 공간
- 10개 주요 시장에서 앱 호출기 테스트

스타일과 위치에
일관성이 없는 산만한
시각 자료들은 결코
도움이 되지 않습니다

글머리 기호 해결책들이 계속 등장하지만,
아직은 등장할 때가 아닙니다

이전 스토리   무엇이 문제인가요?

05

해결책 3 : 지역 공동체 참여

강력한 공동체 구축

- 현장 처방전 전달을 위해 약국과 제휴
- 지역 사회 교육(심폐소생술, 응급처치, 위생 등)
- QR 코드화된 디지털 교육 자료를 통해 환자에게 일반적인 건강 문제에 대한 정보 제공
- 공통적인 의료 요구사항/검색에 대한 비디오 자료 새로 제작
- 원격 의료 및 가상 응급 의료 서비스

타이틀이 '막연한' 제목입니다

아이디어와 직접적인 관련이 없는 시각 자료들은 의미가 없습니다

맥락은 없이 계속 해결책만 제시하면 누가 관심을 가질 수 있을까요?

06

→ 핵심 사항

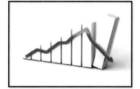

- 경쟁업체보다 시장 점유율이 떨어지고 있습니다
- 부정적인 온라인 리뷰
- 대기실 개선이 필요합니다

이 갈등 슬라이드에는 갈등을 알리는 헤드라인이 필요합니다

시각 자료들이 메시지의 품격을 떨어뜨립니다

갈등을 설명하는 슬라이드가 너무 늦게 나타나 효과를 발휘하지 못합니다

이전 스토리   무엇이 문제인가요?

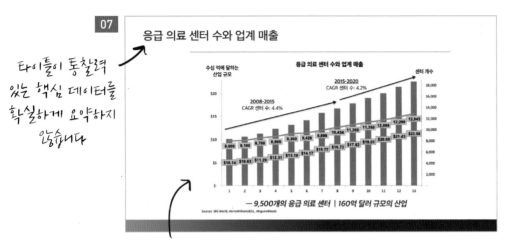

타이틀이 통찰력
있는 핵심 데이터를
확실하게 요약하지
않습니다

스토리의 배경이 될 이 차트는 너무 늦게 등장해서 쓸모가
없어졌습니다

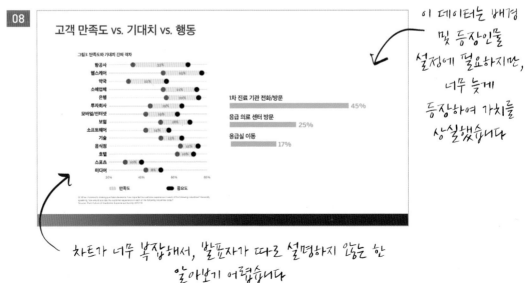

이 데이터는 배경
및 등장인물
설정에 필요하지만,
너무 늦게
등장하여 가치를
상실했습니다

차트가 너무 복잡해서, 발표자가 따로 설명하지 않는 한
알아보기 어렵습니다

이전 스토리   **무엇이 문제인가요?**

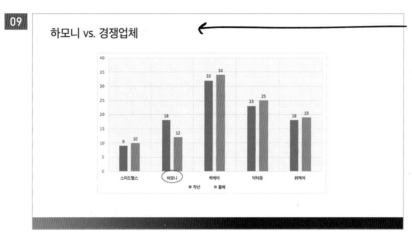

막연하기만 한
타이틀은 청중이
무엇을 알아야 할지
알려주지 않습니다

경쟁업체로 인한 갈등을 보여주지만 너무 늦게 등장하여
가치를 상실했습니다

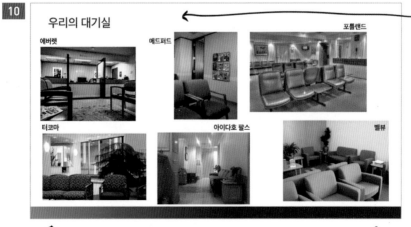

타이틀이 스토리를
정체시키고 통찰을
드러내지 못합니다

시각 자료들이 일률적이지 않고, 보기도 어려우며,
스토리에 결코 도움이 되지 않습니다

무엇이 문제인가요?

타이틀은 이
리뷰들의 어조와
실제 내용을
언급할 기회를
놓쳤습니다

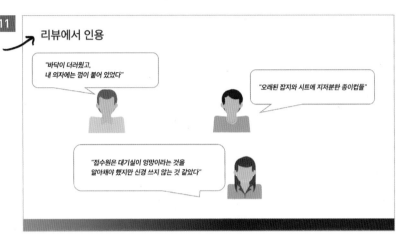

11

리뷰에서 인용

"바닥이 더러웠고,
내 의자에는 껌이 붙어 있었다"

"오래된 잡지와 시트에 지저분한 종이컵들"

"접수원은 대기실이 엉망이라는 것을
알아채야 했지만 신경 쓰지 않는 것 같았다"

부정적인 리뷰가 갈등을 드러내고 있지만,
이 강력한 메시지 또한 이미 늦어버렸습니다

12

요약: 더 나은 환경을 만드는 것이 우리의 해결책입니다!

타이틀이 핵심
아이디어를 담고
있는 것은 좋으나,
더 일찍
등장했어야만
합니다

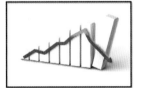

시각 자료들이
메시지의 품격을
저하시킵니다

• 경쟁업체보다 시장 점유율이
떨어지고 있습니다
>> 새로운 기술을 구현합니다

• 부정적인 온라인 리뷰
>> 더 강력한 커뮤니티를
구축합니다

• 대기실 개선이 필요합니다
>> 즉시 개선을 시행합니다

좋은 비즈니스 스토리는 갈등이 고조된 상태에서 끝나는
것이 아니라, 반드시 핵심 아이디어로 끝나야 합니다

이후 스토리 | **무엇이 성공적인가요?**

01

02

03

배경 & 등장인물

07

08

09

핵심 아이디어

해결책

일관된 스토리로 마음의 안정을…

휴! 제대로 된 스토리 전략만으로 얼마나 달라지는지 보세요. 같은 제안이, 이번에는
제자리를 찾은 4가지 지표를 따라 흐르는 서사 구조로 재구성되고 다시 디자인되었습니다.
배경, 등장인물, 그다음의 갈등과 함께 시작되는 WHY, WHAT, HOW의 명쾌함을 확인할 수
있습니다. 갈등이 쌓이면서 긴장이 고조되지만, 제안 경로를 프리뷰로 보여주는 해결책 랜딩
페이지(링크를 클릭해서 연결된 곳으로 이동하기 위한 페이지 -역주)가 청중을 안심시킵니다.
(랜딩 페이지는 〈18장: 팀 프레젠테이션: 누가 무엇을 하나요?〉에서 자세히 다룹니다.)

✓ 스토리에 명확한 **WHY**가 있습니다 ✓ 능동적인 헤드라인입니다 ✓ 간결한 시각 자료가 분위기를 조성합니다

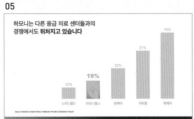

갈등

해결책   핵심 아이디어

놀라운 변신 아닌가요? 강력한 핵심 아이디어가 초반에 등장하고, 마지막에 사운드바이트(인상적인 문장)로 반복됩니다. 이 WHAT 문장(한 가지 BENEFIT을 포함한)만으로 청중이 알아야 할 것과 해야 할 것을 알려주고 있는 것입니다. 능동적인 헤드라인들은 서로 연계되어 더욱 강화되고 (특히 갈등을 고조시키며) 해결책으로 안내합니다. 절묘한 사진들은 모든 지표에 걸쳐 일관된 분위기를 조성하면서 스토리를 생생하게 되살립니다.

이후 스토리 무엇이 성공적인가요?

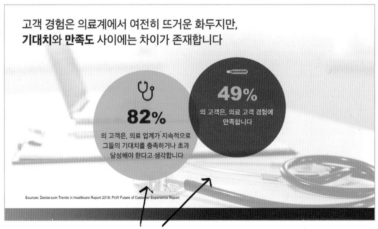

능동적이고, 정보가 풍부한 타이틀로 스토리가 시작됩니다

타이틀로 사용된 능동적인 헤드라인이 주요 통찰을 명확하게 요약합니다

배경 사진이 분위기를 조성하고, 데이터에 방해가 되지 않습니다

배경과 등장인물이 맥락을 형성하며 스토리가 시작됩니다

이후 스토리 | 무엇이 성공적인가요?

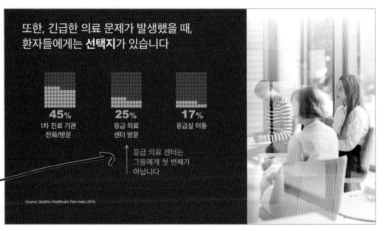

03

또한, 긴급한 의료 문제가 발생했을 때,
환자들에게는 **선택지**가 있습니다

45%
1차 진료 기관
전화/방문

25%
응급 의료
센터 방문

17%
응급실 이동

응급 의료 센터는
그들에게 첫 번째가
아닙니다

Source: Qualtrix Healthcare Pain Index 2019

이전 내용을 바탕으로
구축된 헤드라인이
스토리를 진전시킵니다

차별된
노란색의 콜아웃으로
갈등을 부각시킵니다

'등장인물'을 표현한
깔끔한 사진이
분위기를 조성합니다

간결한 핵심 데이터가 배경과 등장인물에 대한 추가 정보를
제공합니다 (글씨가 크고 알아보기 쉽습니다)

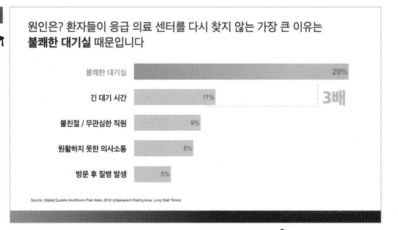

04

원인은? 환자들이 응급 의료 센터를 다시 찾지 않는 가장 큰 이유는
불쾌한 대기실 때문입니다

불쾌한 대기실	29%
긴 대기 시간	11% **3배**
불친절 / 무관심한 직원	9%
원활하지 못한 의사소통	8%
방문 후 질병 발생	5%

Source: Global Qualtrix Healthcare Pain Index 2019 (Unpleasant Waiting Area, Long Wait Times)

능동적인 헤드라인이
심각한 갈등과
이를 받쳐주는
핵심 데이터를
제시합니다

갈등이 계속 고조됩니다

이후 스토리   무엇이 성공적인가요?

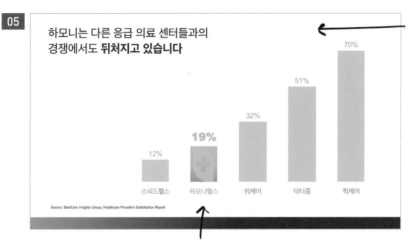

05 하모니는 다른 응급 의료 센터들과의
경쟁에서도 **뒤처지고 있습니다**

12% **19%** 32% 51% 70%

스피드헬스 하모니헬스 위케어 닥터줌 퀵케어

Source: MedCare Insights Group, Healthcare Providers Satisfaction Report

갈등이 계속 이어지고
헤드라인이 이를 잘
포착하고 있습니다

차별화된 색상과 대형 숫자로 강조된 하모니의
순위가 단연코 눈에 띕니다

06 더욱 심각한 것은, **부정적인 고객 평가가**
계속 증가한다는 사실입니다

"바닥이 더러웠고, 내 의자에는
껌이 붙어 있었다."
YELP

"대기실이 엉망이라는 것을 알아야 할 담당자는
정작 신경 쓰지 않는 것 같았다."
GOOGLE

"대기실이 더럽고
낡아 보였다."
FASTMED

"아파서 돌아갔는데, 낡은 대기실 때문에
더 아픈 것 같아서 다시 나왔다. 또 다른 병균을
얻었을지 걱정스럽다!"
YELP

"대기실에 추호도 다시 오고 싶지 않다.
모든 것이 현대적이고 깔끔한 퀵케어에
갈 수 없다면 모를까."
SOLVHEALTH

'더욱 심각한 것은'과
같은 긴박하고 능동적인
문구로 갈등을 더욱
고조시킵니다

저지 않은 텍스트 리뷰이지만 여유 있게 배치하여
시각적으로 무리가 없습니다 (절묘한 사진까지)

이후 스토리 　무엇이 성공적인가요?

07

환자 관리는 시설 관리에서 시작됩니다

남다른 경험을 제공할 수 있는
응대 공간이 필요합니다

핵심 아이디어가, 적절한 타이밍에, WHAT/BENEFIT 문장으로,
청중이 알아야 할 것과 해야 할 것들을 직접적으로 언급합니다

08

우리에겐 환자의 발길을 되돌릴 방법이 있습니다

🏆
신속한 해결책

★★★★★
별 5개 만족도

👥
커뮤니티

즉각적으로 효과를
나타낼 수 있는
검증된 조치 실행

혁신이 주도하는
업계 최고 수준의
경험 창출

커뮤니티 육성과
접근성 향상을 위한
관계 구축

헤드라인이 스토리의
HOW를 명확하게
제시합니다

랜딩 페이지가 갈등 해결을 위한 3가지 제안의 프리뷰를 제시합니다
(3개의 구분된 '묶음'으로 배치)

이후 스토리 **무엇이 성공적인가요?**

* 브레드크럼Breadcrumb: 〈헨젤과 그레텔〉에서 유래된 것으로, 웹페이지 상단에 앞서 방문한 페이지의 링크를 가로로 나열해 사용자가 이전의 특정 페이지로 손쉽게 들어갈 수 있도록 하는 기능 -역주

09

신속한 해결책을 실행하다

- 작은 좌석 배치를 위한 클러스터 의자 사용
- 손 세정제/마스크 디스펜서 및 안내판 설치
- 자동 핸즈프리 쓰레기통으로 교체
- 정수기 업그레이드
- 대기실 청소 주기를 시간당 2회로 증가

'브레드크럼Breadcrumb'*
방식은 청중에게
(물론 발표자에게로)
스토리의 어디쯤에 있고,
어디로 가고 있는지를
정확히 알려줍니다

데이터의 일부만 불러냄으로써, 갈등을 상기시키고 더 나은
해결책으로 이끌기 위해 관심을 집중시킵니다

10

별 5개 만족도를 꿈꾸다

- 신규 예약 및 등록 앱
- 자가진단 키오스크 옵션 제공
- 질문에 즉시 답변할 수 있는 온디맨드 안내원
- 고속 와이파이 및 충전 서비스 제공
- 대규모 센터: 개인용 워크스테이션 및 독립 공간
- 평가판: 10개 주요 시장에서 앱 호출기 지원

글머리 기호는
세부 사항을 나열하기에
적절하지만,
보통 6개를 넘어가면
안 됩니다

브레드크럼이 계속해서 스토리 진행에 맞춰가며, 청중의 현재
위치를 상기시킵니다

이후 스토리 　　**무엇이 성공적인가요?**

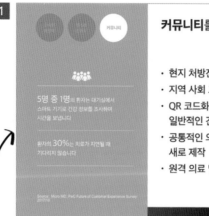

부가 정보를 살짝 보여줌으로써 각각의 해결책에 힘을 실어줍니다

간결하고 기억하기 쉬운 사운드바이트로 핵심 아이디어를 다시
한번 강력하게 언급합니다

형편없이 짜인 스토리만큼
잘 만든 스토리의
편안함을 깨닫게 하는
것은 없습니다

사례 연구

파일럿 구합니다!

마이애미에 본사를 둔 퀀텀 항공Quantum Airlines은 25년 동안 국제 노선을 운영해 왔습니다. 현재는 196대의 항공기와 약 13,500명에 달하는 직원을 보유하고, 85곳의 취항지에 238개 노선을 운행합니다. 항공 산업의 부침에도 불구하고, 회사는 예상되는 승객 증가에 대비해 향후 10년에 걸친 확장을 계획하고 있습니다. 퀀텀의 경영진은 신규 노선과 취항지를 모두 늘리고자 합니다. 그들은 특히 급성장하고 있는 아시아 시장에 대한 투자에 관심이 많습니다.

그러나 퀀텀은 항공 산업 전반에 걸쳐 만연한, 파일럿 부족이라는 위험 요소에도 주목하고 있습니다. 많은 경쟁업체가 그렇듯 그들도 성장 목표를 달성하기 위해 필요한, 자격을 갖춘 파일럿의 발굴 및 채용 문제를 염려하고 있습니다. 경영진은 이러한 리스크를 경감하고자 신규 인재 발굴 및 고용 방식을 개선할 방법을 제안해 달라 요청한 상태입니다.

피플People의 부사장인 마르코 바스케스Marco Vasquez는 퀀텀의 경영진에게, 각기 다른 측면에서 파일럿 부족 문제에 접근하는 3가지 방안을 제시해야 합니다. 먼저, 그가 발표한 프레젠테이션을 보실까요?

이전 스토리　무엇이 문제인가요?

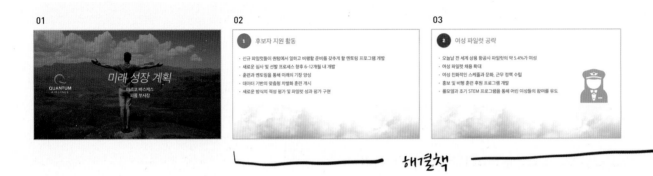

해결책

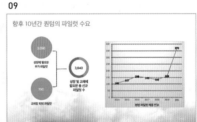

배경 & 등장인물

이 스토리는 파일럿 부족 이상으로 심각합니다

이런! 스토리가 바로 해결책부터 시작되는군요. 하모니헬스의 '이전' 스토리처럼, 맥락이 조성되지 않았으니 WHY 도 없습니다. 스토리 후반에 갈등이 나오지만, 그것이 외부의 문제, 즉 세계적인 파일럿 부족 현상 때문인지도 명확하지 않습니다. 등장인물과 배경이 거의 마지막에, 그것도 해결책 이후에 등장하고, 따라서 정보의 가치가 상실되고 말았습니다. 마르코는 4가지 지표를 사용하긴 했지만 순서가 틀렸습니다.

마르코, 낙제군요.

| ✗ WHY가 뒤늦게 등장합니다 | ✗ 헤드라인에 핵심 통찰이 빠졌습니다 | ✗ 핵심이 데이터 속에 묻혔습니다 |

해결책

배경 & 등장인물

해결책

이전 스토리	무엇이 문제인가요?

배경사진에서
항공 산업에 대한
힌트를 찾을 수 없습니다
(혹시 구름?)

제목은 실제 내용이
없고, 그저 목록의 라벨
역할에 그칩니다

빽빽한
글머리 기호
줄들은 훑어보기로
어렵습니다

스토리의 맥락이 설정되기도 전에 해결책이 등장하므로,
관심을 가져야 할 이유가 없어 보입니다

이전 스토리   **무엇이 문제인가요?**

03

막연한 제목이
핵심 통찰을
드러낼 기회를
놓쳤습니다

2   여성 파일럿 공략

- 오늘날 전 세계 상용 항공사 파일럿의 약 5.4%가 여성
- 여성 파일럿 채용 확대
- 여성 친화적인 스케줄과 문화, 근무 정책 수립
- 홍보 및 비행 훈련 후원 프로그램 개발
- 롤모델과 조기 STEM 프로그램을 통해 어린 여성들의 참여를 유도

데이터는
관련성이 있으나,
나머지 해결책과의
연관성이 부족합니다

04

3   미래 후보자 유치

- CAE, 주요 항공 대학과 협력하여 비행 아카데미 프로그램 및
  커리큘럼을 개발하여 미래의 후보자 유치
- 높은 잠재력을 가진 신입사원 지원 또는 후원
- 금융 옵션 제공 및 저금리 항공 학자금 대출을 위해 은행과 협력
- 추가 인센티브 형태로 새로운 보상책 및 계약 보너스 모델 구현
- 사전 고용 온보드 프로그램을 채택하여 빠른 승진 기회 제공

18만 명의 파일럿을
향후 10년 이내에
기장으로 전환해야 함

갈등을 고조시키는
데 사용했더라면
좋았을 데이터
(위치가 틀렸습니다)

세부적인 해결책을 계속 제시하지만 아직 명확한 WHY가
설정되지 않았습니다

이전 스토리	무엇이 문제인가요?

05

이렇게 물으실 수도 있습니다.
이게 왜 필요하죠?

WHY를 (마침내) 설정하고 있지만,
훨씬 전에 등장했어야 합니다

06

제안의 근거

성장
- 2010년부터 2030년까지 승객 수가 두 배로 증가할 것으로 예상됩니다. 즉, CAGR은 3.5%입니다.
- 2000년에 43개월에 한 번 꼴이던 시민의 평균 비행은 2017년에 22개월에 한 번으로 증가했습니다.
- 아시아가 성장을 주도합니다(다음 슬라이드 참조)

미국
+59%

중국
+167%

인도
+262%

태국
+118%

인도네시아
+219%

다가올 해법에
대한 근거로는 좋으나,
해결책 이전에
나왔어야 합니다

데이터가 배경 및
등장인물을 통해
맥락을 설정하지만,
때를 놓쳤기 때문에
가치를 상실했습니다

무엇이 문제인가요?

07

계속해서 근거를
제시하고 있으나,
역시 해결책 이전에
(뒤가 아니라)
나왔어야 합니다

제안의 근거

파일럿 구성

· 2027년에 비행하게 될 파일럿 중 50%는 아직 훈련 시작 전입니다
· 미국 파일럿 생도의 12%가 여성으로서, 강한 증가 추세를 보이고 있습니다.
· 2003년부터 2016년까지 항공/상용/전문 파일럿 및 비행 승무원 아카데미 프로그램
이수 생도는 35% 감소했습니다
· 상용 항공 프로그램 및 비행 시간을 이수하고 자격증을 취득하기 위한 비용은 평균 $125,000입니다

각 데이터가 서로 다른 제안을 설명하고 있어서
서술 흐름이 끊깁니다

08

헤드라인이 잠재적
갈등을 내포하고 있지만,
긴장감이 결여된
문장 때문에 효과를
발휘하지 못합니다

향후 10년간 필요한 신규 파일럿 수요

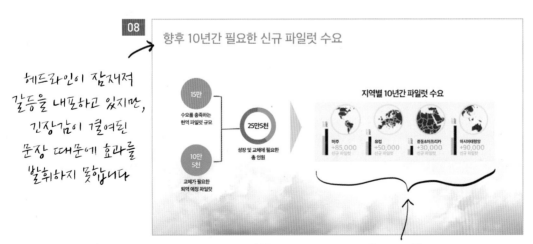

부수적인 데이터 때문에 정작
핵심 포인트를 분간하기 어렵습니다

133

무엇이 문제인가요?

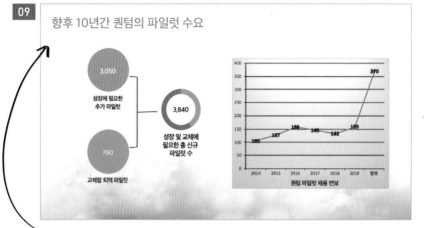

그래프는 제목이
빈약한 데다가,
내용도 판독하기
어려워 도움이 되지
못합니다

'파일럿 수요'는 헤드라인이 아니라, 제목! 파일럿 수요가
어떻다는 거죠? 헤드라인은 확실한 정보를 제공해야 합니다

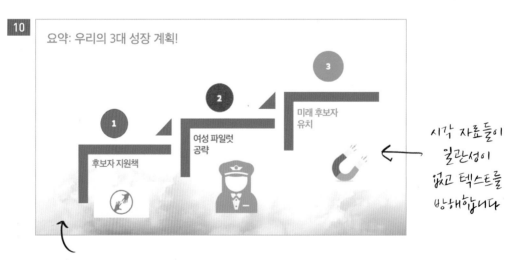

시각 자료들이
일관성이
없고 텍스트를
방해합니다

해결책을 정리하는 표현이 앞의 것과 달라서 혼동을 일으킵니다

무엇이 문제인가요?

항공사와 관련된
사진이었다면
주제와 분위기에
도움이 되었을
것입니다

콜 투 액션이 너무 포괄적이다 보니 실제 핵심
아이디어를 강화할 수 있는 기회를 놓쳤습니다

이후 스토리 　무엇이 성공적인가요?

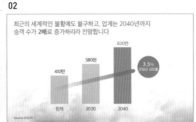

배경 & 등장인물

해결책

지표의 순서를 바꾸면 마법이 일어납니다

아… 안정된 스토리가 주는 이 안도감! 마르코가 지표들을 매우 올바른 순서로 정렬한 버전입니다. 그는 우선 시장의 상황을 설정하고, 일찌감치 등장인물을 내세웠습니다. 최근 기복이 심한 상황임에도, 항공 업계는 10년 내에 승객 수가 2배로 증가할 것이며, 이는 주로 아시아 지역의 성장에 기인할 것이라고 전망하고 있다는 것입니다. 그런 뒤 그는 명백한 갈등(전 세계적인 파일럿 부족 현상)을 소개하고, 이에 대한 해결책, 즉 퀀텀이 뒤처지지 않도록 보장해 줄 인재 확보 계획을 제안하며 마무리합니다. 신중하게 선택한 데이터가 어떻게 스토리 지표들을 강조하고, 시각적으로 강화하는지

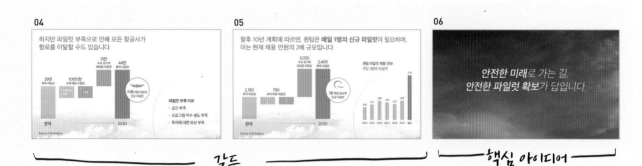

주목하시기 바랍니다. **포인트는, 데이터가 스토리를 뒷받침하되 결코 압도하거나 핵심을 흐리지 않는다는 점입니다.**

스토리의 모든 헤드라인이 능동적이며, 스토리, 특히 갈등을 앞으로 진전시킵니다. 마르코는 핵심 아이디어를 강하게 언급하고(마지막에 사운드바이트로 반복합니다), 랜딩 페이지에 3가지 해결책의 프리뷰를 제공합니다. 각각의 해결책은 깔끔한 묶음으로 배치되어 있으며, 이것은 다시 '브레드크럼 breadcrumb'이라는 시각적 장치로 반복되면서 이야기의 흐름을 안내합니다. 배경의 은은한 구름 사진이 요소들을 한데 묶어 분위기를 조성합니다. **마르코. A+입니다!**

137

이후 스토리 무엇이 성공적인가요?

사진이 은은하고,
적절하게 분위기를
조성합니다

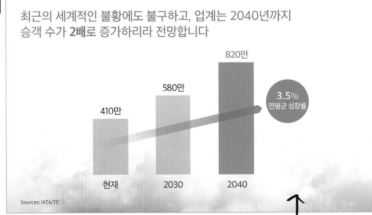

능동적인 헤드라인이
가파른 시장
성장률이라는 배경을
즉각적으로 설정합니다

성장률이 명확하게 눈에 들어오고,
헤드라인과 직접적으로 연관됩니다

이후 스토리 | **무엇이 성공적인가요?**

03

성장은 주로 아시아에서 이뤄질 것이며,
인도는 가장 높은 신규 승객 증가율을 보일 것입니다

헤드라인이
등장인물(승객)을
소개하며 스토리를
진전시킵니다

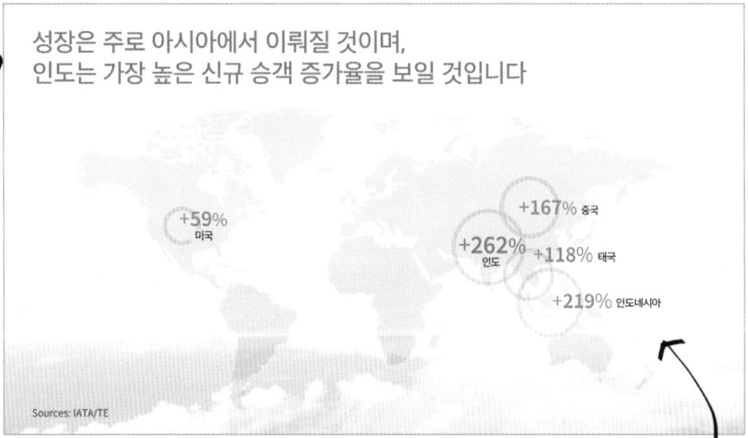

+59%
미국

+167% 중국

+262% 인도

+118% 태국

+219% 인도네시아

Sources: IATA/TE

중요한 데이터를 차별화시켜 헤드라인을 뒷받침합니다

04

하지만 파일럿 부족으로 인해 모든 항공사가
항로를 이탈할 수도 있습니다

'하지만'은
갈등을 소개하는
좋은 방법입니다

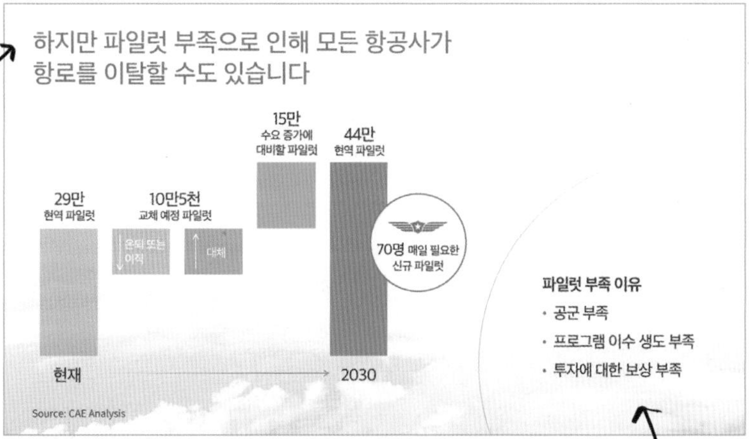

15만
수요 증가에
대비할 파일럿

44만
현역 파일럿

29만
현역 파일럿

10만5천
교체 예정 파일럿

운퇴 또는
이직

대체

70명 매일 필요한
신규 파일럿

파일럿 부족 이유
· 공군 부족
· 프로그램 이수 생도 부족
· 투자에 대한 보상 부족

현재

2030

Source: CAE Analysis

보조 데이터가 배경지식을 보충해 주지만,
시야를 방해하지 않습니다

이후 스토리 | 무엇이 성공적인가요?

헤드라인이
갈등을
고조시킵니다 →

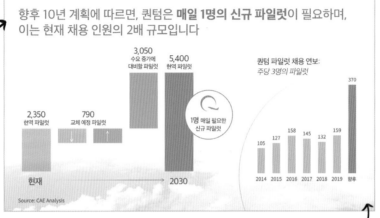

05

향후 10년 계획에 따르면, 퀀텀은 **매일 1명의 신규 파일럿**이 필요하며, 이는 현재 채용 인원의 2배 규모입니다

2,350
현역 파일럿

790
교체 예정 파일럿

3,050
수요 증가에
대비할 파일럿

5,400
현역 파일럿

1명 매일 필요한
신규 파일럿

현재   2030

Source: CAE Analysis

퀀텀 파일럿 채용 연보:
주당 3명의 파일럿

105 127 158 145 132 159   370
2014 2015 2016 2017 2018 2019 향후

데이터가 갈등과 긴장감을 고조시키며 과거의 채용 정책으로는
미래의 수요를 감당할 수 없음을 명확하게 보여줍니다

06

안전한 미래로 가는 길,
안전한 파일럿 확보가 답입니다

핵심 아이디어가 긴장감을 늦추고,
밝은 미래를 바라보도록 청중을 안내합니다

이후 스토리 **무엇이 성공적인가요?**

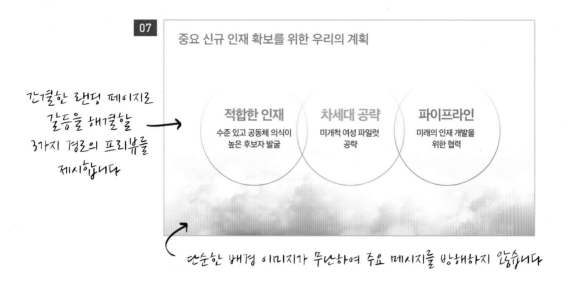

건결한 랜딩 페이지로 갈등을 해결할 3가지 경로의 프리뷰를 제시합니다

단순한 배경 이미지가 무난하여 주요 메시지를 방해하지 않습니다

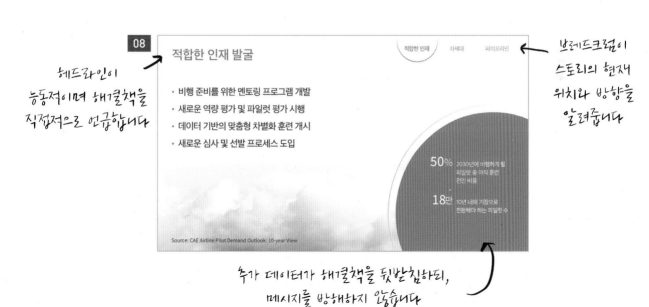

헤드라인이 능동적이며 해결책을 직접적으로 언급합니다

브레드크럼이 스토리의 현재 위치와 방향을 알려줍니다

추가 데이터가 해결책을 뒷받침하되, 메시지를 방해하지 않습니다

이후 스토리 | 무엇이 성공적인가요?

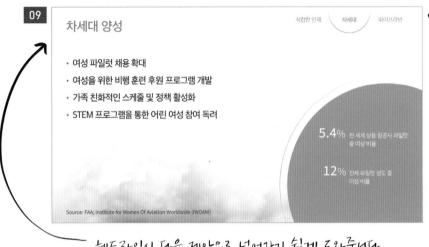

작은 브레드크럼이
계속해서 스토리의
경로를 안내합니다

헤드라인이 다음 제안으로 넘어가기 쉽게 도와줍니다

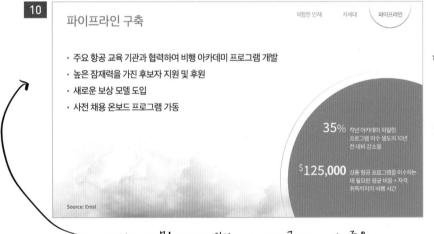

단 2개의 데이터로
해결책을
뒷받침할 추가
정보를 제공합니다

정보가 과밀해지지 않는 선에서 글머리 기호 줄을
적절하게 사용했습니다

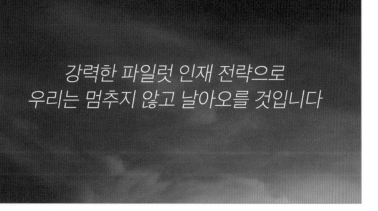

> 강력한 파일럿 인재 전략으로
> 우리는 멈추지 않고 날아오를 것입니다

사운드바이트로 다시 등장한 핵심 아이디어는 채용 전략 개선의 필요성을 재차 강조합니다

요점은...

여러분의 제안을 극대화시키세요

두 편의 일반적인 비즈니스 시나리오를 살펴봤습니다. 좋은 스토리텔링으로 강화될 수도 있고, 부족한 스토리텔링으로 악화될 수도 있는 제안 간의 차이를 극명하게 보여주는 예제들입니다. 인재를 채용하기 위한 제안, 고객 경험을 향상시킬 방안들, 또는 다른 비즈니스 과제들을 해결하고자 할 때, 의사 결정에 영향을 줄 수 있는 최고의 기회를 여러분의 아이디어에 부여해야 하지 않을까요?

우리가 진정 원하는 것입니다! (명확한 WHY, WHAT, HOW를 반드시 챙기세요.)

11장

업무보고 제출하기

잠깐만요, 그 프로젝트 잘 진행되고 있나요? 프로그램 또는 프로젝트의
어느 시점에서 사람들은 진행 상태를 보고해 달라는 요청을 받습니다. 이럴 때 우리는
보통 기존 템플릿을 기본으로 삼아, 월 또는 분기마다 수정해 사용합니다. 정말
간단합니다. 그렇죠? 유감이지만 그 상태는 오래 가지 않습니다.
시간이 갈수록 이러한 템플릿은 다양한 이해관계자들의 피드백이 덧붙여지면서 변형되고
부풀어오르는 경향이 있습니다. 간단한 업무보고로 출발한 것이 결국 야수를 길들이는
것처럼 느껴질 수도 있습니다.

그렇다고, 가장 일상적이고 별 볼일 없는 업무보고^{update}에 스토리텔링을 적용할 필요는
없지 않나요?

아뇨, 절대 그렇지 않습니다.

업무보고는 스토리 구조를 전략적으로 도입함으로써 여러분이 프로젝트의 상태를
안팎으로 전달할 수 있는 능력이 있다는 것을 입증할 좋은 기회입니다. 단, 업무보고서는
두 가지 '유형' 중 하나로 귀결된다는 것만 기억하시기 바랍니다. **갈등을 동반하는 유형과,
동반하지 않는 유형입니다.** 둘 사이에는 중요한 차이가 있습니다. 하나씩 짚어 보겠습니다.

업무보고가 갈등을 동반하는 경우

업무보고에 갈등 요소가 있다면, 기본 스토리 구조 전체를 도입해야 합니다. 배경과
등장인물로 시작해서, 지난번 점검 이후 프로젝트에서 수행한 작업들을 보고합니다.
그리고는, 프로젝트에 걸림돌이 되거나 그럴 가능성이 있는 문제들을 확인하는 갈등으로
넘어갑니다. 예를 들면 시간 지연, 예산 부족, 리소스 제약, 기회 변경 또는 경쟁자의 출현
같은 문제들일 것입니다. 그리고, 갈등을 직접적으로 해결할 여러분의 핵심 아이디어를

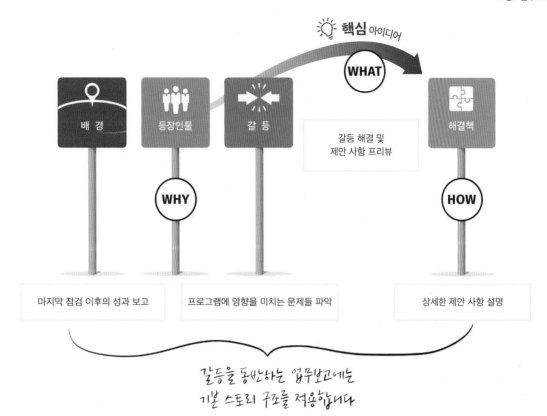

소개합니다. 여러분의 제안을 프리뷰로 제시한 후에, 상세한 해결 방법을 설명합니다. 여기에 꼭 맞는 스토리를 준비했습니다. 이는 〈10장: 제안서 작성하기〉에서 본 것과 유사합니다.

업무보고에 갈등 요소가 없는 경우

하지만 여러분의 프로젝트가 잘 진행되고 있고 문제가 없다면 어쩌죠? 자, 우선, 축하할 일입니다! 현재 (또는 미래에) 문제가 없는 게 확실하다면 스토리 지표 중 일부만 있으면 됩니다. 배경과 등장인물 설정만으로 여러분의 팀이 프로젝트에서 수행한 것을 전달할 수 있습니다. 주 목적은 모든 일이 일정대로 예산에 따라 진행되고 있음을 보여주는 것입니다. 초기의 제안서나 추천서를 찾아서, 현재 등장인물의 상황과 처음의 상황을 비교할 수도 있습니다. 이때 핵심 아이디어는 기본적으로 "이상 없습니다"라는 의미의 간결한 사운드바이트입니다(BENEFIT 없이 WHAT만 포함). 갈등이 없기 때문에 당연히 해결책이 필요치 않으며, 핵심 아이디어만으로도 충분합니다.

명심하세요. 갈등을 동반하지 않는 업무보고는 전략으로 사용할 수 있습니다. 그렇게 된다면 실제로 회의를 열 필요가 없어집니다. 프로젝트의 상황 전달은 이메일이나 프로젝트 관리 도구로 얼마든지 대체될 수 있으니까요. 무엇보다 회의를 줄이는 것은 모두에게 나쁘지 않은 일이죠!

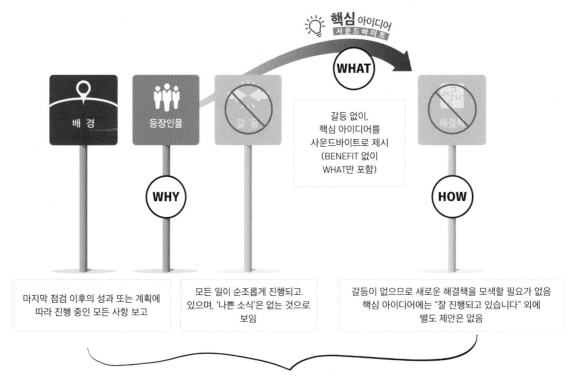

갈등을 동반하지 않는 업무보고는 한두 가지의
기본 스토리 지표만으로도 가능합니다

갈등 요소가 없는 업무보고는
전략적입니다

청중(여러분 자신)의 회의 시간을
줄이고, 간단히 오프라인 현황
업데이트만을 제공합니다.

잠깐! 문제가 없다고 확신할 수 있나요?

여러분을 편집증으로 만들 의도는 없지만, 여러분이 알지 못하는 곳에 갈등이 있을 수 있습니다. 정말로 전략적 차원의 업무보고(갈등을 동반하지 않는 업무보고를 말합니다)만을 원하시나요? 아니면 이 기회를 좀더 전술적으로 이용해 보고 싶으신가요? 그럴 생각이라면, 수단과 방법을 총동원하여 이 프로젝트에서 당신의 전술적 역할을 키울 수 있도록, 잠재적인 모든 문제를 **최대한, 깊게, 많이** 파헤쳐야 합니다. 여기 탐색을 더 쉽게 만들어줄, 업무보고에서 갈등을 찾아내는 3가지 방법이 있습니다. 스스로 해결하기, 믿을 만한 동료에게 의지하기, 청중에게 의지하기. (지금은 우리에게 의지하시면 됩니다.)

우선, 여러분 자신의 시야를 넓히는 것부터 시작합니다. 여러분이 스스로 끌어낼 수 있는 새로운 시각, 통찰 혹은 기회가 있나요? 바꿔 말하면, 앞으로 닥칠 수 있는 잠재적인 함정이나 위험 요소를 감지할 수 있나요?

둘째, 여러분과 다른 환경에 있는 영민한 동료에게 (프로젝트를 잘 알거나 과거에 비슷한 프로젝트를 해본 사람이라면 더욱 좋습니다) 의견을 구합니다. 아마 그들은 여러분이 놓친 문제를 감지할 수 있을 뿐만 아니라, 여러분이 수용할 만한 또 다른 기회들을 지적해 줄지도 모릅니다.

마지막으로, 갈등을 찾고 있다고 청중에게 공개합니다. 네, 읽으신 그대로입니다. 배경과 등장인물을 설정하고 나서, 청중과의 대화를 통해 '위험 신호'가 될 만한 것들이 있는지 의견을 수렴하는 것입니다. 물론, 이 방법에는 어느 정도 리스크가 따르지만(먼저 여러분 숙제부터 해야 하겠죠), 청중의 참여를 유도함으로써 공동체 의식을 나눌 수 있습니다. 프로젝트의 잠재적인 위험에 대한 여러분의 공개적인 질의에 청중은 고마워하게 될 것입니다. 이를 통해 실제적인 갈등을 발견한다면, 그 문제에 집중하고 다음 업무보고 때 해결책으로 보답하면 됩니다.

이제 실제 스토리(사실은 가상이지만요)에서, 갈등을 동반한 업무보고 작성 사례를 살펴보겠습니다.

사례 연구

매출 호조입니다만, 구현 상태는요? 문제가 있군요.

교육기술 업체인 런포워드^{LearnForward}는 대학, K-12 학교(유치원에서 고등학교까지 12년의 의무교육을 제공하는 기관 -역주), 정부 기관, 비영리 기관 및 모든 형태와 규모의 기업에 서비스형 소프트웨어^{SaaS}(공급업체가 하나의 플랫폼을 이용해 다수의 고객에게 소프트웨어 서비스를 제공하고, 사용자는 이용한 만큼 돈을 지급하는 시스템 -역주)를 제공합니다. 1,300개 기관에서 1천만 명 이상의 학생, 교수, 사업주, 정부 기관들이 그들의 플랫폼을 사용하고 있습니다. 교육 기관들과 정부 산하 기관 그리고 기업 네트워크가 증가함에 따라 런포워드의 판매 실적도 치솟는 중이지요.

그러나 이번 판매 실적에 반영되지 않은 문제는, 1분기에 상당수 신규 고객의 소프트웨어 구현이 지체됐다는 사실입니다. 지난 분기와 비교했을 때 실제 가동율은 절반에 불과합니다. 데이터는 문제 발생의 원인과 위치를 정확히 보여줍니다. 기술 설정 단계에 너무 오래 머물러 있는 그들 대부분은 국제 고객 특히, 호주를 비롯한 오세아니아의 고객이었습니다. 일부 고객은 추가적인 데이터 보안 요구와 추가 기능 요구로 구현이 지체되었고, 일부는 변화하는 시장 상황에 영향을 받은 고객들입니다.

이제 프로그램 공급 매니저인 하나에 다나카^{Hanae Tanaka}가 경영진으로부터 업무보고 요청을 받았습니다. 영업 실적은 좋은 뉴스처럼 보이지만, 그녀는 심각한 구현 문제가 있음을 경고하고 프로세스를 가속화하기 위한 제안을 해야 합니다.

이전 스토리　　**무엇이 문제인가요?**

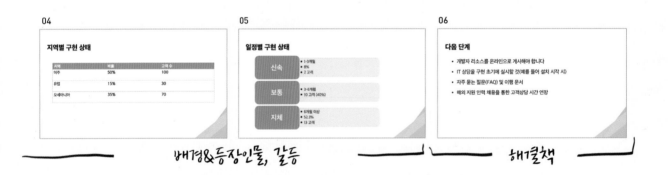

단서가 꼭꼭… 너무 깊게 숨어 있어요

이 런포워드 업무보고는 일상적이고 별 문제없는 보고서처럼 보이지만, 데이터를 자세히 보면 심상치 않은 내용이 있습니다. 갈등 요소가 꿈틀대는 것이 보이실 겁니다(끈기를 갖고 충분히 응시한다면요). 신규 고객의 50%에서 구현이 중단되고 있습니다. 하지만 안타깝게도 이 뉴스는 깨알 같은 텍스트와 혼란스러운 차트 속에 완전히 묻혀 버렸습니다. 단계별, 지역별, 일정별 데이터가 문제를 보여주고 있으나, 이들 차트와 헤드라인 역시 갈등을 환기시킬 수 있는 모든 기회를 놓쳐 버렸습니다. 옛말에, **"카펫 위의 얼룩을 가리키지 말라"**는 말이 있죠. 여기에 적용해선 안 됩니다. 그 지점을 가리키고, 업무보고에서 절대 갈등이 묻히지 않도록 해야 합니다.

> ✗ 핵심 아이디어 부재   ✗ 능동적이지 않은 헤드라인   ✗ 데이터 속에 묻힌 갈등

01

1분기 소프트웨어 구현 보고

하나에 다나카

Learn**f**ɔrward▸

← 막연한 타이틀에는
뒤에 나올 내용에
대한 힌트가 전혀
없습니다

02

1분기 소프트웨어 구현 보고

- 1분기 가동 고객 (총 25곳)

- 레드우드 쇼어스 칼리지
- 이스트브릿지 음악원
- 서머빌 미들턴
- 우드사이드 칼리지
- 퍼킨스 치과 연구소
- 와일드우드 대학교
- 퍼시픽 그로브 칼리지
- 메도스 연구소
- 웨스트사이드 아카데미
- 헬드브리지 기술연구소
- 썸포드와일 주니어 칼리지
- 데본 대학교
- 그린 미도우스 대학교

- 마운틴뷰 칼리지
- 화이트 마운틴 칼리지
- 오이스터 하버 대학교
- 서머필드 칼리지
- 뉴욕 오시그 대학교
- 리지뷰 아카데미
- 씰베이 칼리지
- 콜럼버스 아카데미
- 윌로우 예술학교
- 실버 크릭 과학 대학교
- 홀리 오크스 예술학교
- 선셋 대학교

- 1분기에 구현 단계에 머물러 있는 고객 (총 200곳)

- 미국 이외 지역(대부분 호주·뉴질랜드 및 유럽) 고객들이 유난히 구현 단계에 오래 머무는 것을 볼 수 있습니다

- 많은 고객이 기술 설정 단계에 막혀 있는 것이 지연 원인입니다

여기에 모든 고객을
일일이 채워 넣을
필요는 없습니다

중요한 갈등을 암시하고는 있으나
꼭꼭 숨어 있습니다

이전 스토리 | **무엇이 문제인가요?**

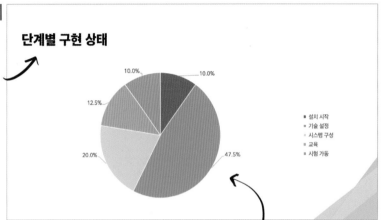

03

단계별 구현 상태

이 제목은 고객의 절반이 기술 설정 단계에 정체되어 있다는 중요한 통찰을 놓치고 있습니다

- 설치 시작
- 기술 설정
- 시스템 구성
- 교육
- 시험 가동

원그래프상에는 신규 고객의 50%가 설치 단계에 머물러 있음이 나타나지만, 따로 강조할 생각은 없어 보입니다

04

지역별 구현 상태

지역	비율	고객 수
미주	50%	100
유럽	15%	30
오세아니아	35%	70

청중이 직접 데이터를 연구하도록 강요하는 불친절한 차트입니다

지역별 데이터는 구현 문제가 발생하는 지역에 대한 구체적인 정보를 제공합니다 (오세아니아/유럽)

이전 스토리 무엇이 문제인가요?

05

일정별 구현 상태

신속
- 1-3개월
- 8%
- 2 고객

보통
- 3-6개월
- 10 고객 (40%)

지체
- 6개월 이상
- 52.3%
- 13 고객

이 차트 역시, 고객의 절반이 '지체'된 구현 단계에
머물러 있다는 핵심 데이터 통찰을 지적하는 데 실패합니다

06

다음 단계

- 개발자 리소스를 온라인으로 게시해야 합니다
- IT 상담을 구현 초기에 실시할 것(예를 들어 설치 시작 시)
- 자주 묻는 질문(FAQ) 및 이행 문서
- 해외 지원 인력 채용을 통한 고객상담 시간 연장

글머리 기호 줄들은
문법에 통일성이 없어
혼란스럽습니다
- 어떤 것은 동사,
어떤 것은 명사군요

이 슬라이드가 해결책인지 모호하며,
갈등과 명확하게 연결되지 않습니다

이후 스토리 — 무엇이 성공적인가요?

01

**1분기 업무보고:
빠른 구현으로 가는 길**

하나에 다나카

Learn forward▸

02

**1분기, 총 25곳의 고객이 '가동'되어
새로운 런포워드 시스템을 시작했습니다**

25 고객
가동
예상치의
절반에 불과

200 고객은 아직
구현 단계
2019 4/4분기
185에서 소폭 상승

단계별, 지역별, 일정별 구현으로 이동해 더 자세히 살펴보겠습니다

03

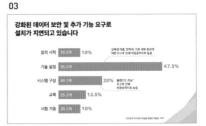

**강화된 데이터 보안 및 추가 기능 요구로
설치가 지연되고 있습니다**

배경&등장인물

갈등

07

지원을 강화할 수 있는 방법

게시
온라인 개발자
리소스

실시
조기 IT 상담
(설치 시작 시)

구축
FAQ 및
이행 문서 포함
IT 가이드

확장
해외 지원
인력 채용으로
고객 상담시간 연장

08

**고객 역량 강화는
구현 프로세스를 가속화할 것입니다**

해결책

핵심 아이디어

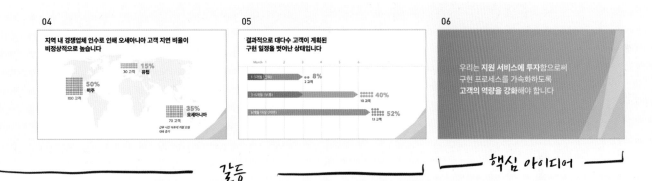

갈등을 파악하고 해결하면, 영웅으로 등극합니다

이 런포워드 업무보고는 전체 기본 스토리 구조를 빠르게 촉발시킴으로써 개선되었습니다.
배경과 등장인물, 그리고 갈등의 징후가 첫 슬라이드에 곧장 등장합니다. 신규 고객의
절반만이 계획대로 가동되었고, 나머지는 모두 구현이 지연되고 있군요. (오, 이런!) 그리고는
설치가 중단되는 WHY를 보여주면서 갈등을 고조시킵니다. 일부 고객은 추가 데이터 보안과
추가 기능을 필요로 합니다. 나머지는 변화하는 시장 상황에 영향을 받은 고객들입니다.

이어서 핵심 아이디어가 등장합니다. 런포워드는 지원 강화에 주력해야 합니다.
그다음, 시각적으로 깔끔하게 분류된 4개의 해결책을 소개하고, 핵심 아이디어를 다시
상기시키며 마무리합니다. 이 업무보고는 신속하고 실질적이어서 나무랄 데가 없습니다.
의사 결정권자의 로망입니다.

이후 스토리   무엇이 성공적인가요?

01

1분기 업무보고:
빠른 구현으로 가는 길

하나에 다나카

Learn**f⊃rward**▸

← 핵심 아이디어를
드러낸 타이틀

02

**1분기, 총 25곳의 고객이 '가동'되어
새로운 런포워드 시스템을 시작했습니다**

25   고객
가동

예상치의
절반에 불과

200   고객은 아직
구현 단계

2019 4/4분기
185에서 소폭 상승

단계별, 지역별, 일정별 **구현**으로 이동해 더 자세히 살펴보겠습니다

← 헤드라인이,
배경과 등장인물로
빠르게 상황을
설정하도록
도와줍니다

데이터가 다음에 나올 지표인 갈등을 예고합니다

이후 스토리 | 무엇이 성공적인가요?

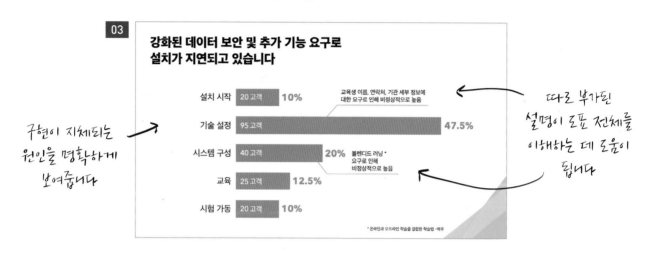

03

**강화된 데이터 보안 및 추가 기능 요구로
설치가 지연되고 있습니다**

구현이 지체되는
원인을 명확하게
보여줍니다

설치 시작 — 20 고객 — 10% — 교육생 이름, 연락처, 기관 세부 정보에 대한 요구로 인해 비정상적으로 높음

기술 설정 — 95 고객 — 47.5%

시스템 구성 — 40 고객 — 20% — 블렌디드 러닝* 요구로 인해 비정상적으로 높음

교육 — 25 고객 — 12.5%

시험 가동 — 20 고객 — 10%

따로 부가된
설명이 도표 전체를
이해하는 데 도움이
됩니다

* 온라인과 오프라인 학습을 결합한 학습법 -역주

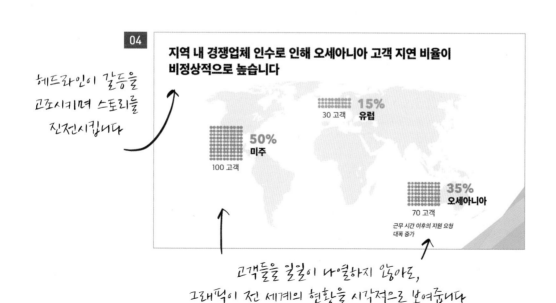

04

**지역 내 경쟁업체 인수로 인해 오세아니아 고객 지연 비율이
비정상적으로 높습니다**

헤드라인이 갈등을
고조시키며 스토리를
진전시킵니다

15% 유럽 — 30 고객

50% 미주 — 100 고객

35% 오세아니아 — 70 고객 — 근무 시간 이후의 지원 요청 대폭 증가

고객들을 일일이 나열하지 않아도,
그래픽이 전 세계의 현황을 시각적으로 보여줍니다

이후 스토리 　무엇이 성공적인가요?

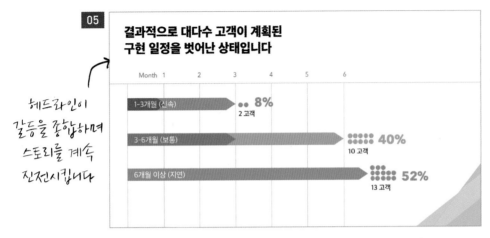

05

**결과적으로 대다수 고객이 계획된
구현 일정을 벗어난 상태입니다**

| Month | 1 | 2 | 3 | 4 | 5 | 6 |

1-3개월 (신속)　•• **8%**
2 고객

3-6개월 (보통)　⬚⬚⬚⬚⬚ **40%**
⬚⬚⬚⬚⬚
10 고객

6개월 이상 (지연)　⬚⬚⬚⬚⬚ **52%**
⬚⬚⬚⬚⬚
⬚⬚⬚
13 고객

헤드라인이
갈등을 종합하며
스토리를 계속
진전시킵니다

깔끔한 차트에 표시된 데이터가 헤드라인을 뒷받침합니다

06

우리는 **지원 서비스에 투자**함으로써
구현 프로세스를 가속화하도록
고객의 역량을 강화해야 합니다

한 가지 BENEFIT과 WHAT을 포함한 핵심 아이디어가
갈등에 뒤이어 등장합니다

이후 스토리 무엇이 성공적인가요?

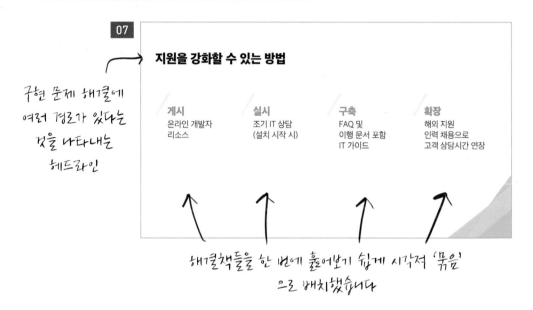

07

지원을 강화할 수 있는 방법

게시	**실시**	**구축**	**확장**
온라인 개발자 리소스	조기 IT 상담 (설치 시작 시)	FAQ 및 이행 문서 포함 IT 가이드	해외 지원 인력 채용으로 고객 상담시간 연장

구현 문제 해결에 여러 경로가 있다는 것을 나타내는 헤드라인

해결책들을 한 번에 훑어보기 쉽게 시각적 '묶음' 으로 배치했습니다

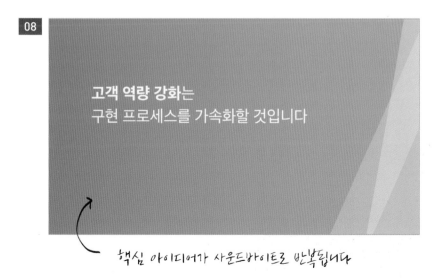

08

고객 역량 강화는 구현 프로세스를 가속화할 것입니다

핵심 아이디어가 사운드바이트로 반복됩니다

159

업무보고의 영웅

이 되세요!

요점은...

갈등을 피하지 마세요

갈등이 포함된 업무보고는 제안서와 마찬가지로, 4가지 지표와 핵심 아이디어를 모두 사용하여 이야기의 WHY, WHAT, 그리고 HOW를 통해 청중을 이끌어야 합니다. 갈등 요소가 없는 업무보고라면, 처음 두 지표인 배경과 등장인물로 간소화하고, 간단한 성과 평가를 제공합니다. 그러나 실수가 있어서는 안 됩니다. 몇몇 프로젝트, 제품 출시, 컨설팅 과제 등이 완벽하고 원활하게 진행되어야 합니다. 아울러 만일 프로젝트에서 여러분의 진가를 발휘하고 싶다면 전략적으로 생각할 필요가 있습니다. 구석구석에 잠복해 있는 문제들을 철저하게 살피고 항상 새로운 기회를 포착하기 위해 분발해야 합니다.

체크박스만으로는 부족합니다. 업무보고의 영웅이 되시길!

12장

이메일 발송하기

우리는 늘 무시당했어요. 우리는 혹시 올지 모르는 답장을 기대하며 신중하게 이메일을 작성합니다. 하지만 늘 그래왔듯이 이번에도 적막만이 흐릅니다. 사실 이상한 일도 아닙니다. 통상 근로자들이 **하루에 받는 이메일이 120통이고, 하루 중 3분의 1가량은 이메일을 읽고 답하는 데 보낸다**고 하니까요.[1] 기본적으로 풀가동 의사 결정 머신이라고 할 수 있는 임원들은 훨씬 더 많을 겁니다. 우리는 수년에 걸쳐서, 어떻게 하면 이 바쁜 의사 결정권자들의 관심을 끌 수 있을지 연구해 왔습니다. 그리고 한 가지 분명한 사실은, 여러분이 핵심을 부각시키지 못하면, 응답을 받을 기회도 오지 않는다는 것입니다.

이메일이 우리가 비즈니스를 수행할 때 필수적인 수단인데도, 설득력 있는 이메일 작성에 대해 아무도 가르쳐주지 않는다는 것은 놀라운 일입니다. 그래서 우리는 여러분이 군더더기를 없애고 핵심을 부각시킬 방법에 대해서 이야기하고자 합니다. 짐작하셨겠지만, 결론은 비즈니스 스토리텔링입니다.

모든 이메일은 스토리를 펼칠 수 있는 기회입니다

우리는 세계에서 가장 규모 있고, 가장 잘나가는 몇몇 브랜드와 함께 일합니다. 우리 역시 여러분과 마찬가지로, 무시당한 이메일들과 함께 덩그러니 어둠 속에 남겨지곤 했습니다. 다운된 기분으로 말입니다. 우리는 또한 우리에게 날아드는 수천 통의 이메일 속에 파묻히고, 혼란에 빠지고, 골머리를 앓기도 합니다. 단언컨대, 이메일에 들이는 공력들이 너무 아깝게 낭비되고 있습니다! 이 생각이 계속해서 우리를 끌어당겼고, 우리는 고객 및 협력 업체들로부터의 메일 회신을 유심히 관찰하기 시작했습니다. **어떤 내용에 빠르게 응답하고, 어떤 내용에는 음…… 보는 둥 마는 둥 하는지를.**

우리는 즉시 두 가지 사실을 확인했습니다. 첫째, **커뮤니케이션의 수준이 너무 높았습니다.** 다시 말해, 봐도 그만 안 봐도 그만인 메일은 하나같이 철저하고, 전략적이며, 실행을 유도하도록 기획되었습니다. 급하게 작성한 티가 나거나, 구두점이 빠졌거나, 어중간한 문장 없이요(아마 여러분은 이것이 당신을 매우 능숙한 사람으로 보이게 할 거라 생각하겠지만, 실은 아이디어의 진실성에 의문을 품게 만듭니다). 둘째로, 답장을 받는 이메일은 군더더기 없이 핵심만을 부각시키는 것은 맞지만(다음이 더 중요해요), **반드시 짧기만 한 것은 아니었습니다.** 우리는 단 몇 줄로 축약된 메일보다, 올바른 지표 순서에 따라 구체적인 정보를 더 보여주는 편이 낫다는 것을 확인했습니다. (대답하기 전에, 질문부터 해야 하는 건 원치 않으시죠!)

모든 이메일이 완벽한 스토리일 필요는 없습니다. 하지만 분명한 것은, 좋은 이메일들이 (프레젠테이션이나 회의 자료와 같이) 공통적인 기본 스토리 구조를 갖추고, 쉽게 찾아낼 수 있는 WHY, WHAT, HOW를 포함한다는 사실입니다. 이제, 우리가 익숙한 두 회사, 하모니헬스와 퀀텀 항공으로 가서 동일한 이메일의 이전&이후 버전을 살펴보겠습니다. (원한다면, 지난 〈10장: 제안서 작성하기〉에서 이들의 이전 스토리를 살펴볼 수 있습니다.)

사례 연구

무시해 달라고 애원하는 이메일입니다

여러분은 치열한 시장으로의 확장을 모색하고 있는 하모니헬스의 응급 의료 네트워크를 기억하실 겁니다. 안타깝게도 이 회사는, 사후 설문 조사와 소비자 리뷰 사이트에서 환자들이 그들의 시설(특히 대기실)에 만족하지 못한다는 사실을 알게 됐습니다. 고객경험전략 책임자인 테레사 닐슨은 이 문제를 해결하기 위해 경영진과의 회의를 준비 중입니다. 이 회의에 필요한 주요 정보를 수집하기 위해, 그녀는 동료들로부터 진료소 대기실의 만족도를 개선하자는 제안에 힘을 실어줄 통찰을 얻고자 합니다. 다음은 동일한 이메일의 두 가지 버전입니다.

이전 스토리   무엇이 문제인가요?

막연한
제목줄은 핵심
아이디어를
언급할 기회를
놓쳤습니다

회의의 맥락이 없어,
수신자가 이 메일을
왜 받았는지 알
도리가 없습니다

구체적인 요구사항이
없으므로 해결책도
명확하지 않습니다

회의 준비

 테레사 닐슨 <Theresa.nielsen@harmonyhealth.com>
수신: 고객경험전략 팀

↩ Reply   ↩ Reply All   → Forward   ⋯

Wednesday, March 20, 12:52 PM

안녕하세요, 여러분.

저는 다음 주에 있을 미팅을 준비하고 있으며, 첨부한 응급 의료 문서의 '신속한 해결책' 섹션에 대한 여러분의 의견을 듣고자 합니다.

링크를 첨부했습니다. 이 문서를 검토하여 최대한 빨리 피드백을 보내줄 수 있을까요? 우리 문서가 종합적이고 정확한지 확인하고 싶습니다. 여러분의 아이디어를 구하고, 필요하다면 수정할 예정입니다.

제안 수정을 위한 여러분의 피드백과 의견에 감사드립니다!

친구,

테레사

테레사 닐슨
고객경험전략 팀장

Harmony Health
모두를 위한 자애로운 보살핌

✗ 맥락이 없습니다   ✗ 막연한 제목줄   ✗ 어떤 해결책을 원하는지 확실치 않습니다

보시다시피, 스토리를 전달할 기회를 완전히 놓쳤군요. 메일 어디에도 명확한 WHY, WHAT 또는 HOW가 보이지 않습니다. 지표들은 물론, 핵심 아이디어도 온데간데없습니다. 테레사는 자신의 짧고 간단한 이메일을 동료들이 읽고, 그녀가 원하는 바를 쉽게 이해할 것이라 생각했겠지만, 사실은 더 어렵고 혼란스럽게 만들었습니다. 자세히 짚어 보겠습니다.

우선, 제목줄이 완전히 수동적입니다. "회의 준비." 수신자의 메일함 맨 위에 이 제목이 떴을 때, **발신자가 말하는 회의가 무엇인지, 준비하는 사람이 누구인지 알 수 없습니다.** 필요한 정보를 주지 않는 이 막연한 제목은 무시해 달라고 애원하고 있습니다. 제목줄은 스토리의 핵심 아이디어를 소개할 수 있는 (발신자가 수신자에게 정확히 무엇을 원하는지 말할) 기회지만, 크게 실패하고 말았군요. 이 제목을 보게 될 테레사의 동료들은 그들이 클릭해야 할 WHAT에 대해 혼란스러워할 것입니다.

안타깝게도 4가지 지표가 모두 누락된 이메일 본문으로 넘어가 보겠습니다. 먼저 WHY, 즉 맥락입니다. 수신자는 이 문장을 읽고, 왜 자신에게 메일을 보낸 건지 의아해할 수 있습니다. "다음 주에 있을 미팅을 준비하고 있으며, 응급 의료 문서의 '신속한 해결책' 섹션에 대한 여러분의 의견을 듣고자 합니다."

궁금한 것투성이입니다. 무슨 회의를 한다는 거지? 누가 참석하는데? 회의 주제는 뭐고? 많은 경우, 이메일을 보낼 때는 구두로 상황을 설명하기 때문에, 이미 지나간 맥락을 다시 설정하지 않는 후속 이메일에는 혼란의 여지가 있기 마련입니다. 테레사는 동료들에게 배경과 등장인물에 대한 최신 정보를 소개했어야만 합니다.

그리고 물론, 그녀는 갈등마저도 생략했습니다. 그들이 실제로 해결해야 할 문제를 설명하지 않은 셈입니다. 그런데도 그녀는 메일을 받은 모든 수신자가 문제의 긴급성을 인지하고, '즉시 응답' 폴더에 넣을 거라고 기대했을 겁니다(그것이 무엇인지 알아낼 수 있다면요).

마지막으로 (그리고 결정적으로) 해결책이 없습니다. 그녀의 구체적인 요구사항이 어디에도 보이지 않습니다. 그녀가 동료들에게 요구한 피드백은 과연 어떤 종류일까요? 갈등에 대한 설명과 핵심 아이디어가 없으므로 그녀가 원하는 게 무엇인지 아는 것은 거의 불가능합니다. 더군다나 요청의 마감일이나 콜 투 액션도 명시하지 않았네요. 이 짧고 달콤한 메일은 부담 없이 먼지 속으로 묻어도 되겠군요.

이후 스토리 | 무엇이 성공적인가요?

핵심 아이디어

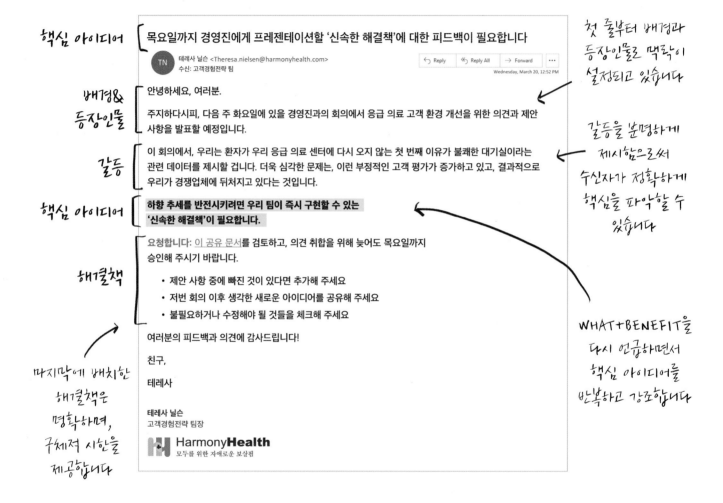

목요일까지 경영진에게 프레젠테이션할 '신속한 해결책'에 대한 피드백이 필요합니다

> 첫 줄부터 배경과 등장인물로 맥락이 설정되고 있습니다

TN 테레사 닐슨 <Theresa.nielsen@harmonyhealth.com>
수신: 고객경험전략 팀

↩ Reply ↩ Reply All → Forward ⋯
Wednesday, March 20, 12:52 PM

배경&등장인물

안녕하세요, 여러분.

주지하다시피, 다음 주 화요일에 있을 경영진과의 회의에서 응급 의료 고객 환경 개선을 위한 의견과 제안 사항을 발표할 예정입니다.

갈등

이 회의에서, 우리는 환자가 우리 응급 의료 센터에 다시 오지 않는 첫 번째 이유가 불쾌한 대기실이라는 관련 데이터를 제시할 겁니다. 더욱 심각한 문제는, 이런 부정적인 고객 평가가 증가하고 있고, 결과적으로 우리가 경쟁업체에 뒤처지고 있다는 것입니다.

> 갈등을 분명하게 제시함으로써 수신자가 정확하게 핵심을 파악할 수 있습니다

핵심 아이디어

하향 추세를 반전시키려면 우리 팀이 즉시 구현할 수 있는 '신속한 해결책'이 필요합니다.

해결책

요청합니다: 이 공유 문서를 검토하고, 의견 취합을 위해 늦어도 목요일까지 승인해 주시기 바랍니다.

- 제안 사항 중에 빠진 것이 있다면 추가해 주세요
- 저번 회의 이후 생각한 새로운 아이디어를 공유해 주세요
- 불필요하거나 수정해야 될 것들을 체크해 주세요

여러분의 피드백과 의견에 감사드립니다!

친구,

테레사

테레사 닐슨
고객경험전략 팀장

HarmonyHealth
모두를 위한 자애로운 보살핌

> 마지막에 배치한 해결책은 명확하며, 구체적 시한을 제공합니다

> WHAT+BENEFIT을 다시 언급하면서 핵심 아이디어를 반복하고 강조합니다

✓ 제목줄 = 핵심 아이디어   ✓ 맥락을 먼저 제공합니다   ✓ 갈등을 분명하게 언급합니다

드디어… 스토리가 담긴 이메일입니다

주목! 테레사의 새로운 이메일이 도착했습니다. 이제 테레사의 동료들은 스토리가 담긴 메일을 받았으니 그녀의 요청에 응답하지 않을 수 없을 것입니다. 일단, 그렇죠. 이메일이 더 길어졌군요. 괜찮습니다. **메일이 수신자에게 의미 있는 맥락을 제공하기만 한다면 더 길어질 수도 있습니다.**

제목줄부터 바로 핵심 아이디어를 외치고 있습니다. "목요일까지 경영진에게 프레젠테이션할 '신속한 해결책'에 대한 피드백이 필요합니다."

동료들은 테레사가 자신들에게 무엇을 말하는지, 무엇을 원하는지 즉시 알 수 있습니다. (무엇이 중요한지를 단번에 파악할 수 있도록) 이렇게 제목줄에서 메시지를 정확하게 전달하는 것이, 그녀의 이메일을 열어야 할지, 무시해야 할지를 결정하는 주요 근거가 됩니다.

제목줄은 여러분이 수신자의 관심 영역에 진입하는 첫 번째 관문입니다— 기회를 놓치지 마세요!

그녀는 메일의 첫 줄에서 곧바로 배경과 등장인물로 맥락을 설정하며 시작합니다. 수신자가 메일을 받게 된 WHY에 의구심을 가질 여지가 없습니다. "주지하다시피, 다음 주 화요일에 있을 경영진과의 회의에서 응급 의료 고객 환경 개선을 위한 의견과 제안 사항을 발표할 예정입니다."

동료들은 다음 주에 있을 회의 건 때문에 메일을 받았다는 것을 알게 됐습니다.
이제 그녀는 스토리에 세 인물을 등장시킵니다. 수신자, 경영진 그리고 (당연하게도)
그녀 자신이네요. 배경은 뭔가요? 아하, 응급 의료 센터도 중요하지만, 더 직접적으로는
모든 사람이 참석하는 회의라는 점이군요. 이 한 줄로, 수신자는 자신이 메일을 받게 된
WHY를 알 수 있습니다.

다음으로 테레사는 명확하게 갈등을 제시합니다. 팀은 경영진에게, 대기실이 쾌적하지
않아 환자들이 재방문하고 싶어 하지 않는다(!)라고 말할 것입니다. 그러나 테레사는
즉시 자신의 핵심 아이디어(굵은 폰트와 노란 음영으로 처리된 시각적 강조)를 통해 갈등을
해결합니다. "하향 추세를 반전시키려면 우리 팀이 즉시 구현할 수 있는 '신속한 해결책'이
필요합니다."

이 문장에는 BENEFIT(하향 추세 반전)과 WHAT(신속한 해결책)이 함께 있습니다.
제목줄의 핵심 아이디어를 본문에서 다시 언급하면서 강화하고 있습니다.
이 메일에서 모호한 구석이라고는 찾아볼 수 없군요.

이제 테레사는 해결책을 이야기할 준비가 되었습니다. 스토리의 HOW, 즉 세부 지침이
포함된 해결책입니다. 그녀가 글머리 기호로 정리한 해결책들은 동료들이 조치할 사항을
빠르게 훑어보고 파악할 수 있게 합니다.

다음 사례 역시, 비즈니스 스토리텔링으로 전하는 간단한 이메일입니다.
우리가 좋아하는 퀀텀 항공사로 돌아가서, 마르코 바스케스 피플 부사장이 이메일을
통한 스토리텔링에 대해서 우리에게 무엇을 가르쳐줄지 알아보도록 하죠.

왜 아무 말도 하지 않고

문장을 낭비합니까?

-세스 고딘SETH GODIN

사례 연구

파일럿이 더 필요합니다

지난 〈10장: 제안서 작성하기〉에서 우리가 마지막으로 본 퀀텀 항공 스토리는, 피플의 부사장 마르코 바스케스가 전 세계 파일럿 부족 문제를 해결하기 위해 경영진에게 보낸 제안서입니다. 일은 잘 풀렸을 테고, (잘했군요, 마르코!) 이제 고위 경영진은 일주일 후, 그에게 인재 확보 계획에 소요될 비용을 보고받길 원하고 있습니다. 이 이메일은 마르코의 제안을 실행할 실질적인 예산 편성에 도움을 요청하기 위해, 마르코가 자신의 수석 기획 팀원들에게 보내는 것입니다. 그는 이번 주 내로 이 예산을 재무팀에 제출해야 합니다. 그는 최대한 빨리 동료들의 주의를 집중시키고, 회의에서 나온 모든 피드백을 검토한 후, 예산을 수립해야 합니다.

정체를 알 수 없는 이메일입니다

우리 모두가 그렇듯이, 마르코 역시 이메일에 바로 응답하게 할 최선의 방법은 최대한 짧게 작성하는 것이라고 생각했습니다. 하지만 애석하게도, 지나치게 성긴 그의 문장은 문맥도, 의미도, 방향성마저도 상실했습니다. 한마디로, 스토리텔링이 완전히 자취를 감췄습니다. 어디서부터 잘못됐는지 하나씩 짚어볼까요?

무엇보다, 제목줄이 수동적입니다. "예산안에 대하여." 너무나 일반적이군요. 무슨 예산요? 누구를 위한 계획인가요? 다시 강조하지만, 제목줄은 수신자의 관심 영역에 들어갈 수 있는 첫 번째 관문입니다. 정말로 중요하다고요. 여러분의 핵심 아이디어, 즉 지금 이 의사소통을 통해서 전달되어야만 하는 WHAT을 소개하는 자리입니다. 수신자들, 속독자들이 더 시급해 보이는 다른 일로 넘어갈지 말지를 결정하는 바로 그 지점입니다.

다음으로, 본문의 첫 줄은 메시지에 어떤 맥락도 가져오지 못하고 있네요. WHY가 없습니다. 마르코는, 최종 예산안이 필요하다면서도, 정작 그것이 의미하는 바를 구체적으로 밝히지 않았습니다.

이전 스토리   **무엇이 문제인가요?**

막연한 제목줄이 핵심 아이디어를 알려주지 않아 수신자와의 관련성을 알 수 없습니다

콜 투 액션에 어떤 응답 기한도 정해 두지 않았습니다

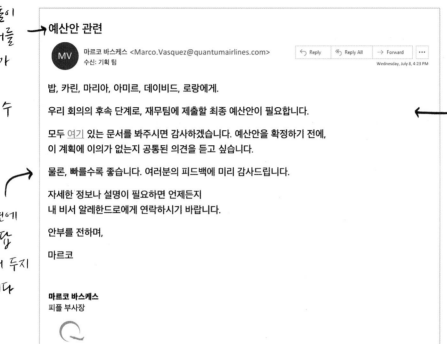

회의의 맥락 없이, 수신자가 관심을 가져야 될 이유를 알 것이라고 가정합니다

예산안 관련

마르코 바스케스 <Marco.Vasquez@quantumairlines.com>
수신: 기획 팀

↩ Reply   ↩ Reply All   → Forward   ...
Wednesday, July 8, 4:23 PM

밥, 카린, 마리아, 아미르, 데이비드, 로랑에게.

우리 회의의 후속 단계로, 재무팀에 제출할 최종 예산안이 필요합니다.

모두 여기 있는 문서를 봐주시면 감사하겠습니다. 예산안을 확정하기 전에, 이 계획에 이의가 없는지 공통된 의견을 듣고 싶습니다.

물론, 빠를수록 좋습니다. 여러분의 피드백에 미리 감사드립니다.

자세한 정보나 설명이 필요하면 언제든지 내 비서 알레한드로에게 연락하시기 바랍니다.

안부를 전하며,

마르코

마르코 바스케스
피플 부사장

QUANTUM
AIRLINES

✗ 핵심 아이디어 부재   ✗ 맥락이 제공되지 않았습니다   ✗ 응답 기한이 없습니다

WHY를 설정하는 것은 모두를 테이블로 모으는 것과 같습니다. 이 첫 단계가 없으면, 메일 수신자들(이 메일 제목을 보자마자 바로 관심을 다른 것으로 돌리게 될 사람들)이 지난 주에 참석했던 회의를 떠올리지 못할 수도 있습니다. 그들은 이메일 속의 '우리'가 누구인지 의아해할 수 있습니다. 회의 배경과 맥락에 대한 정보가 없으니, 메일은 일단 보류될 것이고, 그의 요구는 수백만 건의 다른 업무들 속으로 순식간에 묻혀버릴 것입니다.

마르코는 또한 동료들에게 무엇이 이 제안을 촉발시켰는지, 무엇이 중요한지를 상기시킬 기회를 놓쳤습니다. 그는 이 항공사의 성장과 앞날에 위협이 될 수 있는 심각한 파일럿 부족 문제에 대한 해결 방안을 모색하고 있습니다. 그러나 메일 어디에서도 이 문제의 긴급성을 다시 언급하지 않고 있기 때문에, 동료들이 관심을 가져야 할 WHY를 떠올릴 수 없습니다. 갈등을 알 수 없으니, 마르코의 요청에 시급히 답해야 할 필요도 없어 보입니다. 당연하지만, 비즈니스 종사자들, 특히 경영진은 긴급한 정도에 따라 이메일 응답의 순위를 매깁니다.

그리고 마지막으로, 해결책이 명확하지 않습니다. 마르코가 그들에게 요구한 '공통된 의견'은 모호하기만 합니다. "빠를수록 좋다"는 그의 기한도 재앙의 지름길입니다. 명확한 맥락도, 구체적인 요구도, 마감 시한도 없이, 마르코는 그 주의 하루하루가 지날 때마다 답장에 촉각을 곤두세우는 자신을 발견하게 될 것입니다. 가엾은 마르코……

관심을 끌고 실행을 유도하는 이메일입니다

이제 관심을 끌고 사람들이 응답하도록 만드는 이메일 버전을 봐주세요. 제일 먼저 눈에 띄는 게 뭔가요? 제목줄에서 바로 튀어나온 마르코의 핵심 아이디어입니다. 그가 동료들에게 요구하는 바를 즉각적으로 표현하고 있습니다. 메일 수신자는 이 커뮤니케이션이 무엇(WHAT)에 관한 것인지 바로 알 수 있습니다. 마르코는 예산을 짜기 위해 수요일까지 팀의 도움이 필요하군요. 이것이 수신자들을 붙잡은 이유는, 그들이 확실하게 관련되어 있으며, 해야 할 일을 직접적으로 요청하고 있기 때문입니다.

클릭. 메일을 열자마자 와우! 첫 단락에 맥락이 보입니다. "지난 주에 인사팀의 향후 10년 인재 확보 비전을 공유하는 '성장 계획 프레젠테이션'에 참석해 주셔서 감사합니다. 회의에서 나온 여러분의 의견은 추가 개선책에 매우 도움이 됐으며 수정된 버전에 반영되었습니다[중요 회의록 링크]. 모두 아시겠지만, 다음 작업으로 재무팀의 검토와 승인을 위한 최종 예산안을 작성해야 합니다."

이후 스토리 **무엇이 성공적인가요?**

제목줄의 핵심
아이디어가,
수신자가 알아야
할 것과 해야 할
일을 구체적으로
제시합니다

맥락이 설정되고
나서 핵심 아이디어를
다시 반복하며
강화시킵니다

글머리 기호 실행
목록으로 표현된
해결책은, 갈등
해결을 위한 방향을
제시합니다

수요일까지 예산안에 반영할 여러분의 의견이 필요합니다

 마르코 바스케스 <Marco.Vasquez@quantumairlines.com>
수신: 기획 팀

← Reply   ← Reply All   → Forward   ···
Wednesday, July 8, 4:23 PM

밥, 카린, 마리아, 아미르, 데이비드, 로랑에게

지난 주에 인사팀의 향후 10년 인재 확보 비전을 공유하는 '성장 계획 프레젠테이션'에
참석해 주셔서 감사합니다. 회의에서 나온 여러분의 의견은 추가 개선책에 매우 도움이 됐으며
수정된 버전에 반영되었습니다[중요 회의록 링크]. 모두 아시겠지만, 다음 작업으로 재무팀의
검토와 승인을 위한 최종 예산안을 작성해야 합니다.

항공 산업이 최근의 경기 침체에서 회복하는 데 어려움을 겪고 있지만, 퀀텀은 우리의 경쟁자들과
마찬가지로, 계속되는 세계적인 파일럿 부족 속에서 원활한 파일럿 확보를 위해 매진해야 합니다.
현재의 채용 속도로는 증가하는 고객 수요를 충족시킬 수 없습니다.

향후 10년 안에 채용 활동을 2배로 늘릴 수 있는 여건을 확보하기 위해서는,
우리의 제안이 예산 투자 계획으로 신속히 전환될 수 있도록 여러분의 협조가 필요합니다.

요청합니다: 이 업데이트 문서를 검토 후 승인해 수요일 업무 마감 시간까지 보내주십시오.

확인할 사항:

- 논의한 주요 변경 사항이 정확하게 반영되었는지 확인
- 모든 수정 사항/변경 사항을 팀과 공유
- 여러분의 의견은 '전체 답장'으로 회신

빠른 피드백에 미리 감사드립니다! 앞으로 나아가 이 계획을 실현하기를 고대하고 있습니다.

안부를 전하며,

마르코

마르코 바스케스
피플 부사장

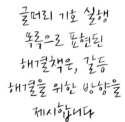
QUANTUM
AIRLINES

핵심 아이디어

**배경&
등장인물**

갈등

핵심 아이디어

해결책

✓ **제목줄에 핵심 아이디어가 있습니다**   ✓ **맥락 설정으로 시작됩니다**   ✓ **해결책이 갈등을 뒤따릅니다**

이야기인즉, 그들은 지난 주 미팅(아하, 그 미팅…)에 참석했고, 그곳에서 퀀텀의 경영진에게 일련의 제안을 했군요. 이제 재무팀에서 비용이 얼마나 들지 알려 달라고 합니다. 여기에는 배경(지난 주 회의)과 등장인물들(재무팀, 경영진, 물론 마르코까지!)이 모두 언급돼 있습니다. 이만한 배경 정보라면, 자신이 왜 이 메일을 받았는지 의아해할 사람은 없겠군요.

메일 수신자가 이미 관심이 떠나 있을 경우를 대비해서(그럴 가능성이 높습니다), 마르코는 갈등을 상기시키고 있습니다. **퀀텀은 전 세계가 파일럿 부족 문제를 겪는 동안에도 성장을 위해 파일럿을 확보해야만 합니다.** 다음 줄에서, 그는 현재의 채용 속도로는 그 문제를 해결할 수 없다고 지적함으로써 갈등을 고조시킵니다.

그런 다음, 갈등을 해결하기 위해 마르코는 핵심 아이디어를 반복합니다. 이렇게요. "향후 채용을 늘리려면 이 제안에 투입될 예산이 필요합니다." 여기에는 하나의 WHAT과 하나의 BENEFIT이 포함됩니다. 구체적으로 그는 다음과 같이 말합니다. "향후 10년 안에 채용 활동을 2배로 늘릴 수 있는 여건을 확보하기 위해서는, 우리의 제안이 예산 투자 계획으로 신속히 전환될 수 있도록 여러분의 협조가 필요합니다."

이 WHAT+BENEFIT 문장을 분석해 보면, "채용 활동을 2배로 늘릴 수 있는 여건을 확보하기 위해서"는 BENEFIT이고, "여러분의 협조가 필요…"는 WHAT입니다. **본문에 있는 이 핵심 아이디어가 제목줄의 핵심 아이디어를 어떻게 강화하는지** 주목해 주세요. 절묘한 반복으로 메시지를 결속하고 있습니다. 마르코는 한 발 더 나아가, 이 부분을 굵은 폰트와 노란 음영으로 강조함으로써 자신의 핵심 아이디어를 한층 더 강조합니다. 강력하군요.

이제 메일은 핵심 아이디어로부터 세부적인 해결책으로 이동합니다. 다시 한번, 메일 발신자가 수신자에게 요구하는 구체적인 행동이 나옵니다. 마르코는 글머리 기호와 함께 필요한 사항을 명확하게 나열합니다. 그는 여기에 "요청합니다"라는 선명한 제목을 붙여서, 자신의 HOW를 강하게 밀어붙이고 있습니다. 이것이 단순히 '참조용' 메일이 아니라는 확실한 선언입니다. 그들의 참여가 필요한, 실제로 앞으로 나아가기 위한 실행 계획이라는 것입니다.

요점은...

이메일의 홍수를 헤쳐 나가세요

언제, 어디서나, 누구에게나, 받은편지함에는 이메일이 차고 넘칩니다.
그중 대다수는 응답을 받지 못합니다. 사기가 저하된 발신자는 어디서 잘못된
건지 당혹스럽기만 합니다. 진실은, 이것이 우리가 일상적으로 겪는 일임에도 정작
이메일을 제대로 보내는 법을 알려주는 사람은 없다는 것입니다. 통상 이 일을
제대로 해내려면 다년간의 경험이 필요합니다. 하지만, 여러분의 메시지를 스토리의
틀에 맞추고 거기에 WHY, WHAT, 그리고 HOW을 도입한다면, 그 몇 년의 시간을
아낄 수 있습니다. 이 돋보기를 통해 여러분은 매일 쏟아지는 이메일 홍수 속에서
가장 먼저 메시지를 전달하고, 여러분의 아이디어에 합당한 관심과 응답을 받을 수
있는 더 나은 기회를 갖게 될 것입니다.

13장

한페이지 문서 만들기

VIP와 점심 약속을 잡았다고 상상해 보세요. 심지어 여러분의 큰 제안을
기꺼이 들어줄 VIP입니다. 슬라이드와 프로젝터가 없더라도, 그녀가 여러분의 아이디어를
기억하게 하고, 그녀의 결정에 영향을 줄 무언가를 전달하고 싶을 겁니다. 이때 유용하게
축약된 한페이지 문서one-pager가 진가를 발휘합니다. 자, 식사를 하고, 제안을 합니다.
그리고는 그 내용을 뒷받침할 핵심 메시지와 데이터, 사실이 담긴 한 장을 남겨둔 채
떠나는 겁니다. 물론 한페이지 문서는 꼭 종이일 필요는 없으며, 이메일이나 온라인
게시물로 전달할 수도 있습니다. 어떤 형태이든 간에, 한페이지 문서는 한 번 훑어보는
것만으로 관련 정보를 쉽게 떠올릴 수 있게 해야 합니다. 따라서 특별히 중요한 회의의
후속으로 제공하기에 이만한 자료는 없습니다.

> 한페이지 문서의 핵심은,
> 가장 관련성이 높은 정보를
> 쉽고 빠르게 전달하는 것입니다.

안타까운 일이지만, 사람들은 한페이지 문서를 단순한 정보의 집합체로만 사용합니다.
깨알 같은 글씨에, 최대한 많은 글머리 기호줄로 지면을 꾸역꾸역 채우려 애쓰곤 하지요.
(네, 엄밀히 말하면 그래도 한 장이니까요!) 반대로, 간략한 요약 몇 줄이면 충분하다고
생각하는 사람들도 있습니다. 둘 다 틀렸습니다. 그럼 정답은요? 이미 알고 계십니다.
한페이지 문서는 훌륭한 스토리텔링의 천국입니다.

그렇다면 정보가 얼마나 들어가야 할까요? 간단합니다. **직접적인 사실과 데이터로 된 핵심 아이디어를 추출하고, 스토리텔링 프레임워크 요소들을 처음부터 끝까지 채우면 딱 알맞은 양의 정보**가 됩니다. 그럼 우리가 잘 아는 두 회사, 하모니헬스와 퀀텀항공이 한페이지 문서를 통해 어떻게 메시지를 전달하는지, 역시 두 가지 버전으로 살펴보겠습니다.

사례 연구

이 응급 의료만을 위한 긴급 처방

기억하시겠지만, 하모니헬스는 응급 의료 센터 분야의 치열한 경쟁 속에 있습니다. 그러나 그들의 열악한 대기실 탓에 고객 만족도 문제에 직면해 있죠. 회사는 의료 네트워크 확장에 대비하여 대기실 문제를 바로 해결하고, 환자 만족도를 높이기 위한 계획을 추진하는 중입니다. 고객경험전략 책임자인 테레사 닐슨은 경영진에게 제안 사항을 발표했고(《10장: 제안서 작성하기》 참조), 이제 그 제안의 타당성을 판단하는 데 좀더 도움이 될 수 있는 자신의 스토리 요약본을 한페이지 문서로 정리해 이메일로 발송하고자 합니다. 자, 어떻게 했는지 같이 보시죠.

이전 스토리 | **무엇이 문제인가요?**

혼란스러운 헤드라인-
환자의 건강이
아니라 진료 센터에
관한 문서입니다
(핵심 아이디어도 없습니다)

맥락이 설정되기
전에 해결책부터
등장합니다

HarmonyHealth
Compassionate care for all

환자 응급 의료 계획

- 별 5개의 만족도 달성을 위해 '신속한 해결책'을 통한 단기적 개선과 함께 장기적 개선이 필요합니다
- 혁신이 주도하는 업계 최고 수준의 경험을 창출하기 위해서는 기술이 핵심 역할을 해야 합니다
- 환자의 접근성을 향상시키기 위해 관계를 구축할 커뮤니티에 참여해야 합니다
- 하모니 UC의 온라인 등급이 경쟁사에 비해 낮습니다
- 많은 리뷰어가 '더럽고', '어수선하고', '엉망'이라고 부정적으로 언급하는 우리 대기실이, 재방문하고 싶지 않은 주요 원인입니다
- 현장 조사(당사 시설 방문)가 이러한 의견을 뒷받침합니다

응급 의료 센터 수와 업계 매출

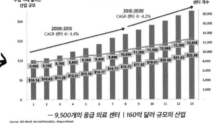

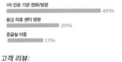

— 9,500개의 응급 의료 센터 | 160억 달러 규모의 산업

고객 리뷰:
- "바닥이 더러웠고, 내 의자에는 껌이 붙어 있었다"
- "오래된 잡지와 시트에 지저분한 종이컵들"
- "대기실이 엉망이라는 것을 알아야 할 담당자는 정작 신경 쓰지 않는 것 같았다"

갈등이 묻힙니다

솔루션

솔루션 1: 즉시 해결
- 적은 좌석 배치를 위한 클러스터 의자 사용
- 손 세정제/마스크 디스펜서 및 안내판 설치
- 자동 핸즈프리 쓰레기통으로 교체
- 정수기 업그레이드
- 대기실 청소 주기를 시간당 2회로 증가

솔루션 2: 기술 솔루션
- 신규 예약 및 접수 앱
- 자가진단 키오스크 옵션 제공
- 질문에 답변할 온디맨드 안내원 서비스
- 고속 와이파이 및 충전소
- 대규모 센터: 개인용 워크스테이션 및 독립 공간 제공
- 10개 주요 시장에서 앱 호출기 테스트

솔루션 3: 커뮤니티
- 현지 처방전 전달을 위해 약국과 제휴
- 지역 사회 교육(심폐소생술, 응급처치, 위생 등)
- QR 코드화된 디지털 교육 자료를 통해 환자에게 일반적인 건강 문제에 대한 정보 제공
- 공통적인 의료 요구사항/검색에 대한 비디오 자료 새로 제작
- 원격 의료 및 가상 응급 의료 서비스

차트가 복잡하고,
무슨 내용과
관계된 건지
알 수 없습니다

✗ 막연한 제목   ✗ 데이터가 빽빽하고 질서가 없습니다   ✗ 갈등이 깊숙이 묻혀 있습니다

테이블에 아이디어가 그대로 남아 있군요

그런데… 문제가 바로 보입니다. 〈12장: 이메일 발송하기〉에서 그랬던 것처럼, 첫 줄에 핵심 아이디어가 보이지 않네요. 테레사는 그 대신 "환자 응급 의료 계획"이라는 제목을 넣었는데, 이것은 진료 센터보다는 환자의 건강에 관한 것처럼 들립니다! 더 심각한 문제는 이 문서 전체에 헤드라인이 결여되어 있다는 것입니다. 첫째 단락의 글머리 기호줄부터 둘째 단락의 데이터, 마지막 셋째 단락의 해결책 박스에 이르기까지, 아이디어의 논리적 흐름을 볼 수 없습니다. 시선이 위에서 아래로 훑어 내려갈 때, 각각의 아이디어들을 연결해줄 헤드라인이 없으니 메시지가 서로 이어지지 않습니다. 단락들 속으로 좀더 들어가 보죠.

한페이지 문서의 첫 단락에는 빽빽한 글머리 기호들의 폭격이 있습니다. 첫 줄부터 곧바로 해결책을 발사하는군요. 갈등이나 문제에 대한 어떤 맥락도 없는 독자들에게 느닷없이…… **쿵! 여기 몇 가지 개선 사항이 있습니다!** 글머리 기호 목록 후반에 가서야 배경과 등장인물, 갈등을 소개하고 있긴 하지만, 이들은 해결책 이전에 등장했으면 더 괜찮았을 터입니다.

둘째 단락에는 개괄적인 시장 데이터가 떡 하니 자리 잡고 있습니다. 그러나 이 차트에는 데이터가 핵심 아이디어를 어떻게 뒷받침하는지에 관한 명확한 정보가 없습니다. (하긴, 핵심 아이디어는 나오지도 않는군요.)

이 단락의 나머지 데이터 역시 불분명합니다. 헤드라인도 없을뿐더러, 차트로부터 중요한 통찰을 끌어내지 못하고 있기 때문이죠. "응급 의료 센터 개수 및 업계 매출 현황"이라는 막연한 제목에는 어떤 단서도 없습니다. 설명했다시피, 한페이지 문서의 목표는 독자를 단번에 교육시키는 것인데, 이 차트는 그 반대군요. 개괄적인 시장을 보여주기 위해 배경과 등장인물을 설정한 것처럼 보이지만, 너무 복잡해서 도움이 되지 못합니다.

아, 이 단락에서 드디어 부정적인 고객 리뷰에 대한 데이터, 즉 갈등의 핵심적인 부분이 공개되고 있네요. 그런데 여기에는 독자에게 그 의미의 심각성을 알려줄 헤드라인이 절실해 보입니다.

마지막 단락의 세 박스는 틀림없이 해결책이군요. 역시나 빼곡하게 들어찬 글머리 기호줄이 복잡하기만 합니다. 눈이 아플 지경이에요.

'빽빽한 정보더미' 배치부터 각자 따로 노는 단락들에 이르기까지, 이 한페이지 문서의 모든 것이 테레사의 아이디어를 이해하기 어렵게 만듭니다(또한 한페이지 문서의 취지도 살리지 못했죠). 그러나 의심할 여지없이, 이 문서는 스토리 프레임워크를 통해 아이디어의 논리적인 흐름으로 독자들을 이끌고, 독자들이 알아야 할 것, 해야 할 것을 빠르게 이해하도록 개선될 수 있습니다. 변신할 차례입니다!

한페이지 문서로 재빠르게 교육합시다

반가워요, 핵심 아이디어! 이것이 지금 우리가 이야기할 주제입니다. 핵심 아이디어가 이 한페이지 문서에서 어떻게 중심을 잡는지, 시선이 처음 닿는 곳에서부터 주요 메시지를 어떻게 번뜩이게 하는지 보셔야 합니다. "고객 관리는 시설 관리에서 시작됩니다. 최상의 고객만족을 위해 쾌적한 공간을 만들어야 합니다."

이전 버전과 달리, 이 한페이지 문서가 하모니 환자의 건강 상태가 아니라 하모니 시설에 관한 것이란 점이 분명하게 드러납니다. 완전히 달라졌군요! 이 핵심 아이디어는 WHAT과 BENEFIT으로 독자들이 알아야 할 내용을 즉각적으로 언급하고 있습니다.

다음 단락은 의료 시장이라는 배경과 등장인물로 시작해, 환자의 전반적인 진료 선호도에 대한 맥락을 설명합니다. 단락의 끝에는, 환자에게 여러 가지 선택지가 있음을 보여줍니다. 신중하게 선택된 데이터가 곧 다가올 갈등을 암시하고 있습니다.

이후 스토리 무엇이 성공적인가요?

핵심 아이디어가
꼭대기의 헤드라인에서
번쩍입니다

엄선된 데이터가
배경과 등장인물을
제시합니다

다음 단락에
등장할 갈등을
암시합니다

마지막에 등장하는
해결책을 선명한
시각적 '묶음'으로
표현합니다

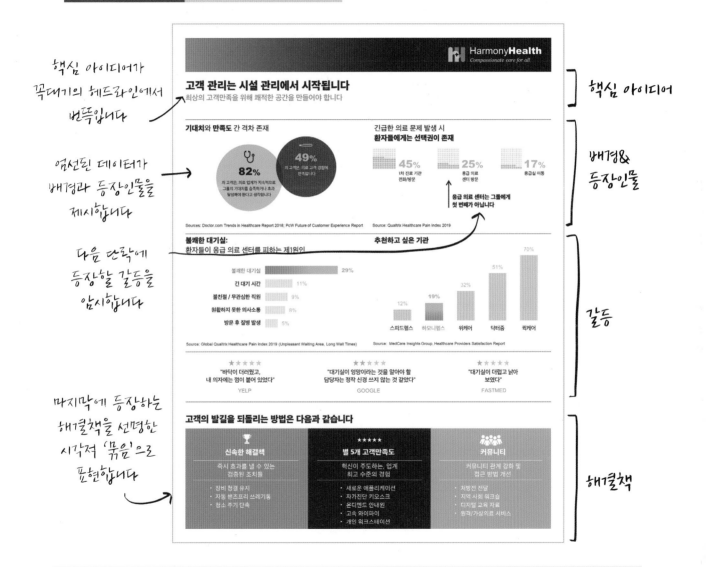

핵심 아이디어

**배경&
등장인물**

갈등

해결책

HarmonyHealth
Compassionate care for all

고객 관리는 시설 관리에서 시작됩니다
최상의 고객만족을 위해 쾌적한 공간을 만들어야 합니다

기대치와 만족도 간 격차 존재

82%
의 고객은 의료 업계가 지속적으로
그들의 기대치를 충족하거나 초과
달성해야 한다고 생각합니다

49%
의 고객은 의료 고객 경험에
만족합니다

**긴급한 의료 문제 발생 시
환자들에게는 선택권이 존재**

45%
1차 진료 기관
전화/방문

25%
응급 의료
센터 방문

17%
응급실 이동

응급 의료 센터는 그들에게
첫 번째가 아닙니다

Sources: Doctor.com Trends in Healthcare Report 2018; PcW Future of Customer Experience Report   Source: Qualtrix Healthcare Pain Index 2019

불쾌한 대기실:
환자들이 응급 의료 센터를 피하는 제1위인

- 불쾌한 대기실 29%
- 긴 대기 시간 11%
- 불친절/무관심한 직원 9%
- 원활하지 못한 의사소통 8%
- 방문 후 질병 발생 5%

Source: Global Qualtrix Healthcare Pain Index 2019 (Unpleasant Waiting Area, Long Wait Times)

추천하고 싶은 기관

- 스피드헬스 12%
- 하모니헬스 19%
- 위케어 32%
- 닥터줌 51%
- 퀵케어 70%

Source: MedCare Insights Group, Healthcare Providers Satisfaction Report

★☆☆☆☆
"바닥이 더러웠고,
내 의자에는 껌이 붙어 있었다"
YELP

★★☆☆☆
"대기실이 엉망이라는 것을 알아야 할
담당자는 정작 신경 쓰지 않는 것 같았다"
GOOGLE

★☆☆☆☆
"대기실이 더럽고 낡아
보였다"
FASTMED

고객의 발길을 되돌리는 방법은 다음과 같습니다

신속한 해결책
즉시 효과를 낼 수 있는
검증된 조치들
- 장비 청결 유지
- 자동 핸즈프리 쓰레기통
- 청소 주기 단축

★★★★★
별 5개 고객만족도
혁신이 주도하는, 업계
최고 수준의 경험
- 새로운 애플리케이션
- 자가진단 키오스크
- 온디멘드 안내원
- 고속 와이파이
- 개인 워크스테이션

커뮤니티
커뮤니티 관계 강화 및
접근 방법 개선
- 처방전 전달
- 지역 사회 워크숍
- 디지털 교육 자료
- 원격/가상의료 서비스

✓ 핵심 아이디어가 맨 처음에 등장합니다   ✓ 맥락과 갈등이 바로 이어집니다   ✓ 해결책을 알아보기 쉽습니다

그 아래에서는, 명확하고 능동적인 헤드라인이 갈등을 노골적으로 드러냅니다.
이어지는 데이터가 하모니 클리닉에 대한 현재 환자들의 부정적인 평가를 보여주며
갈등을 고조시킵니다. 고객들은 대기실에 만족하지 않으며, 하모니의 낮은 시장 점유율로
봤을 때, 이것은 중요한 문제입니다. 이 문제는 이제 해결되기만을 기다리고 있습니다.

그리고 마지막 단락에서 한페이지 문서의 해결책이 시작됩니다. "고객의 발길을 되돌리는
방법은 다음과 같습니다."

각각의 해결책이 명확하고, 위에서 제기한 갈등을 직접적으로 해결하고 있습니다.
모든 요소는 간결한 배색 디자인과 '묶음'으로 나뉜 정보, 절제된 문장으로 인해 더욱
임팩트를 발휘합니다(단 몇 줄의 글머리 기호들로요). 끝으로, 한페이지 문서에서는 갈등
다음에 다시 핵심 아이디어를 반복할 필요가 없습니다. 메시지는 이미 해결책을 드러낸
헤드라인에서 강조했으니까요. "고객 관리는 시설 관리에서 시작됩니다."

여기까지가 한페이지 문서 안에 전개된 스토리입니다. 이제 또 다른 사례로 넘어가시죠!

글쓰기는 1%의 영감과
99%의 지우기입니다
—루이스 브룩스LOUISE BROOKS

사례 연구

비행 중 추락한 스토리

다시 (《10장: 제안서 작성하기》에 등장했던) 퀀텀 항공과 우리의 바쁜 피플 부사장 마르코 바르케스에게 인사합시다. 여기 경영진에게 중대한 프레젠테이션을 한 뒤에 마르코가 전달한 한페이지 문서가 있습니다. 기억하시겠지만, 그는 방금 퀀텀 항공의 성장에 지장을 초래할 수 있는 전 세계적인 파일럿 부족 문제 해결에 대한 제안서를 발표했습니다. 이제 그는 경영진이 제안을 수용할지 결정하는 데 도움을 줄 수 있는 핵심을 전달하고자 합니다. 그럼 그의 첫 번째 한페이지 문서를 살펴볼까요?

마르코, 심각하네요.

우선 막연하기만 한 헤드라인부터 보시죠. "미래 성장 계획." (그냥 제목이라고 해야겠군요. 헤드라인에는 실제 뉴스가 담겨야 하니까요.) 한마디로… 아닙니다. 이 지루한 제목은 나머지 내용에 대한 호기심을 일격에 잠재우고, 그의 제안이나 제안을 하게 된 배경을 떠올리게 하지 않습니다. 이 문서로 관심을 끌고 기억을 상기시킬 목적이라면, **페이지 첫 줄 노른자 위치에 '핵심 아이디어'를 선포**해야 합니다. 계속 볼까요.

(아니나 다를까), 첫 단락 전체가 해결책이군요. 곧바로 깨알 같은 채용 계획으로 점프하고 있습니다. 이것을 문제 삼는 이유는, 이 문서의 목적이 이전 프레젠테이션에 대한 빠른 요약을 제공하는 것이기 때문입니다. 며칠이 지나서 경영진의 누군가가 이 문서를 훑어 본다면 긴가민가할 것입니다. 이 해결책들이 왜 중요한지 상기할 수 있는 배경, 등장인물, 갈등과 같은 맥락이 없으니까요.

두 번째 단락에 몇 가지 데이터가 나옵니다. 이 데이터는 앞 단락 또는 전체 스토리와 연결되지 않음에도 불구하고, 맥락이 될 수도 있었을 겁니다(물론 해결책 이전에 나왔다면 말이에요).

이전 스토리 **무엇이 문제인가요?**

막연한 제목은 핵심 아이디어를 포착하지 못했습니다

미래 성장 계획

채용 계획

후보자 지원 활동

- 신입 파일럿들이 퀀텀에서 비행할 준비를 갖추게 도울 멘토링 프로그램 개발
- 신규 심사 및 선발 프로세스 향후 6-12개월 내 개발
- 훈련과 멘토링을 통해 미래의 기장 양성
- 데이터 기반의 맞춤형 차별화 훈련 개시
- 새로운 방식의 적성 평가 및 파일럿 성과 평가 구현

여성 파일럿 공략

- 오늘날 전 세계 상용 항공사 파일럿의 약 5.4%가 여성
- 여성 파일럿 채용 확대
- 여성 친화적인 스케줄과 문화, 근무 정책 수립
- 홍보 및 비행 훈련 후원 프로그램 개발
- 롤모델과 조기 STEM 프로그램을 통해 어린 여성들의 참여 독려

미래 후보자 유치

- CAE, 주요 항공 대학과 협력하여 비행 아카데미 프로그램 및 커리큘럼을 개발, 미래의 후보자 유치
- 높은 잠재력을 가진 신입사원 지원 또는 후원
- 금융 옵션 제공 및 저금리 항공 학자금 대출을 위해 은행과 협력
- 추가 인센티브 형태로 새로운 보상책 및 계약 보너스 모델 구현
- 사전 고용 온보드 프로그램을 채택하여 빠른 승진 기회 제공

스토리가 배경과 등장인물이 나오기 전에 해결책부터 시작됩니다

- 누가 관심을 갖겠어요?

향후 10년간 신규 파일럿 수요

배경과 등장인물에 관한 데이터가 해결책 이후에 나오므로(너무 늦음) 효력이 없습니다

제안의 근거

성장

- 2010년부터 2030년까지 승객 수가 두 배로 증가할 것으로 예상됩니다. 즉, CAGR은 3.5%입니다
- 2000년에 43개월에 한 번 꼴이던 시민의 평균 비행은 2017년에 22개월에 한 번으로 증가했습니다
- 아시아가 성장을 주도합니다

파일럿 구성

- 2027년에 비행하게 될 파일럿 중 50%는 아직 훈련 시작 전입니다
- 미국 파일럿 생도의 12%가 여성으로서, 강한 상승 추세를 보이고 있습니다
- 2003년부터 2016년까지 항공/상용/전문 파일럿 및 비행 승무원 아카데미 프로그램 이수 생도는 35% 감소했습니다
- 상용 항공 프로그램 및 비행 시간을 이수하고 자격증을 취득하기 위한 비용은 평균 $125,000입니다

✗ 핵심 아이디어가 없습니다   ✗ 시작부터 해결책이 등장합니다   ✗ 맥락이 너무 뒤늦게 나옵니다

그런데 치밀해 보이질 않는군요. 독자는 이 데이터를 왜 보여주는지, 다음 10년 동안 세계적으로 필요한 파일럿 수가 (지역별 데이터를 포함해서!) 퀀텀과 어떤 관계가 있는지 의아하게 느낄 것입니다. 눈치 빠른 경영자라면 이 연결고리를 알아낼 수 있을까요? 그렇겠죠. 하지만 마르코가 며칠 전에 있었던 중요한 회의를 독자들에게 쉽게 상기시키길 원한다면, 연결고리를 명확하게 함으로써 그들의 수고를 덜어주어야 합니다. 마르코, 한페이지 문서의 가치는 재빨리 상기시키는 거라고요!

마지막 단락은 그의 제안에 대한 근거를 담고 있지만, 자리를 완전히 잘못 잡았습니다. 이 단락은 스토리의 중요한 WHY를 구축할 배경과 등장인물이므로, 처음에 나왔어야 합니다. 글머리 기호들과 함께 스토리를 뒷받침하는 모든 사실과 수치들이 담겨 있지만, 스토리에 의미를 제공하기에는 이미 늦었습니다. 독자들은 그 의미를 파악하기 위해 다시 위(갈등과 해결책이 있는 곳)로 거슬러 가야 합니다.

이번에는 마르코가 한페이지 문서를 어떻게 개선시키는지 볼 차례입니다. 경영진이 한 번만 훑어봐도 스토리의 논리적 흐름을 바로 이해할 수 있을지 궁금하네요.

한 번에 훑어보는 한페이지 스토리

오호라! 시작부터 마르코의 '핵심 아이디어'가 헤드라인에서 작렬합니다. 이곳은 가장 먼저 시선이 꽂히는 곳이기 때문에, 스토리의 WHAT이 처음부터 명확해진 셈이네요. "강력한 파일럿 전략으로 우리는 멈추지 않고 날아오를 것입니다. 안전한 파일럿 확보는 안전한 미래로 가는 길입니다."

이것은 그의 스토리가 (미래 성장 전략이 아니라) 파일럿 채용에 관한 것이라고 구체적으로 언급한 문장입니다.

거기서부터, 마르코는 스토리의 지표들을 올바른 순서로 채워 나갑니다. 먼저, 맥락을 제공하기 위해 배경과 등장인물을 배치한 다음, 관련 있고 도움이 될 데이터를 사용합니다. 승객(등장인물)은 2040년까지 2배로 증가할 것인데, 이는 아시아(배경)가 주도하며, 특히 인도(배경)는 개중 가장 큰 증가율을 보일 것입니다.

이후 스토리 | **무엇이 성공적인가요?**

강력한 헤드라인이 스토리의
핵심 아이디어를 드러냅니다

핵심 아이디어

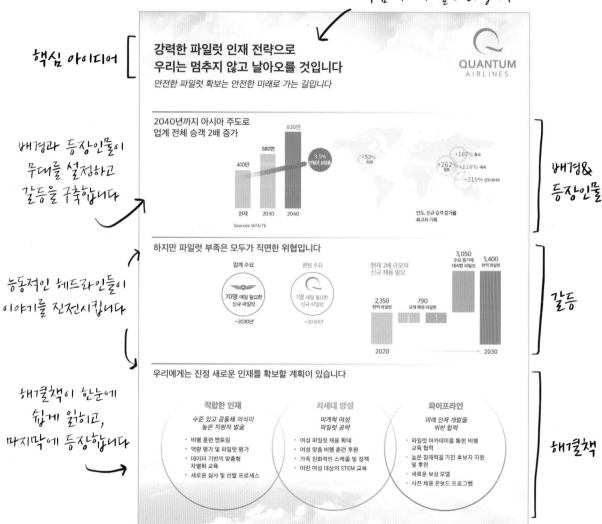

**강력한 파일럿 인재 전략으로
우리는 멈추지 않고 날아오를 것입니다**
안전한 파일럿 확보는 안전한 미래로 가는 길입니다

QUANTUM
AIRLINES

2040년까지 아시아 주도로
업계 전체 승객 2배 증가

410만 / 580만 / 820만

3.5% 연평균 성장률

+59% 미국

+167% 중국
+262% 인도 +118% 태국
+219% 인도네시아

현재 / 2030 / 2040

인도, 신규 승객 증가율
최고치 기록

Sources: IATA/TE

배경과 등장인물이
무대를 설정하고
갈등을 구축합니다

배경 &
등장인물

하지만 파일럿 부족은 모두가 직면한 위협입니다

업계 수요 / 퀀텀 수요

70명 매일 필요한 신규 파일럿 ~2030년
1명 매일 필요한 신규 파일럿 ~2030년

현재 2배 규모의
신규 채용 필요

2,350 현역 파일럿
790 교체 예정 파일럿
3,050 수요 증가에 대비할 파일럿
5,400 현역 파일럿

2020 → 2030

능동적인 헤드라인들이
이야기를 진전시킵니다

갈등

우리에게는 진정 새로운 인재를 확보할 계획이 있습니다

적합한 인재
수준 있고 공동체 의식이
높은 지원자 발굴
• 비행 훈련 멘토링
• 역량 평가 및 파일럿 평가
• 데이터 기반의 맞춤형
차별화 교육
• 새로운 심사 및 선발 프로세스

차세대 양성
미개척 여성
파일럿 공략
• 여성 파일럿 채용 확대
• 여성 맞춤 비행 훈련 후원
• 가족 친화적인 스케줄 및 정책
• 어린 여성 대상 STEM 교육

파이프라인
미래 인재 개발을
위한 협력
• 파일럿 아카데미를 통한 비행
교육 협력
• 높은 잠재력을 가진 후보자 지원
및 후원
• 새로운 보상 모델
• 사전 채용 온보드 프로그램

해결책이 한눈에
쉽게 읽히고,
마지막에 등장합니다

해결책

✓ 첫 줄에 핵심 아이디어가 등장합니다   ✓ 시종일관 능동적인 헤드라인들   ✓ 해결책을 알아보기 쉽습니다

두 번째 단락에서, 그는 모든 항공사에 위협이 되는 파일럿 부족 문제(갈등)를 언급합니다. 다시, 적절하게 선택된 데이터가 이 갈등을 뒷받침합니다. 시선이 왼쪽에서 오른쪽으로 이동함에 따라, 전체 산업에 대한 또 다른 파일럿 수요 차트가 갈등을 고조시킵니다. 그는 퀀텀이 성장을 따라잡기 위해 해야 할 일과 관련된 퀀텀의 갈등을 언급함으로써, 데이터에 강력한 설명을 제공합니다. "현재 2배 규모의 신규 채용이 필요합니다."

마지막 단락에서 그는 3가지 해결책을 제시합니다. 이번 해결책은 제때에 등장했습니다. 독자는 이미 파일럿 부족 문제의 심각성을 인지했으며, 따라서 그의 제안을 진지하게 받아들일 준비가 됐습니다. 영리한 마르코는, 해결책들을 알아보기 쉽게 묶음으로 분리하고 해결책 각각에 초점을 맞추게 했습니다. 하모니헬스의 한페이지 문서처럼, 마르코 역시 해결책의 헤드라인에서 핵심 아이디어를 재차 강조합니다. 퀀텀은 새로운 인재가 필요하고 그에게는 이를 수행할 계획이 있음을 분명히 하고 있습니다. 멋져요, 마르코!

요점은...

한 장의 문서로 모든 것을 말해야 한다면

미래의 잠재 고객과 식사를 하거나, 경영진에게 제안을 하거나, 또는 단지 메시지를 기억하게 하고 싶다면, 간편한 한페이지 문서가 여러분의 아이디어를 강조하기에 제격일 것입니다. 간결하고, 핵심 메시지를 담고 있으며, 후속으로 (이메일로도) 전달하기 좋습니다. 하지만 한 장의 문서가 독자에게 진가를 발휘하려면, 반드시 한눈에 읽히고 이해하기 쉬워야 합니다. 모든 제안서, 업무보고, 이메일과 마찬가지로, 스토리 프레임워크에 아이디어를 접목함으로써 의사 결정권자들이 여러분의 아이디어를 쉽게 떠올리게 할 수 있습니다. 단 한 장으로 말입니다. 마술처럼!

정·리·합·시·다

일상의 스토리텔링
제안서, 업무보고 그리고 이메일

비즈니스 스토리텔링은 우리가 매일 하는 일상적인 커뮤니케이션을
변신시키고 강화할 수 있는 가장 탁월한 방법입니다.

1

제안서 작성하기

모든 제안서는 먼저 배경, 등장인물, 갈등으로 구성된
맥락(여러분의 WHY)으로 시작해야 합니다. 이들이
바로 의사 결정권자가 여러분의 제안/해결책(여러분의
HOW)에 관심을 가져야 할 이유가 됩니다. 또한
구체적인 제안을 설명하기에 앞서, 중요한 핵심
아이디어를 제시하여 스토리의 WHAT을 더욱 공고히
해야 합니다.

2

업무보고 제출하기

갈등의 존재 여부와 관계없이, 업무보고는 프로젝트에
대한 여러분의 통솔력을 증명할 수 있는 좋은
기회입니다. 갈등을 동반하는 업무보고에는 기본
스토리 구조(WHY, WHAT, HOW)를 적용하여 문제를
드러내고 해결하세요. 갈등이 없다고요? 그렇다면
몇 가지 스토리 지표(배경, 등장인물 및 핵심
아이디어)만으로 구성할 수 있습니다.

3

이메일 발송하기

모든 이메일은 스토리를 펼칠 기회입니다. 간결한 기본 스토리 구조로써 의미를 부여하되, 제목줄에는 반드시 여러분의 핵심 아이디어가 있어야 합니다. 언제나 맥락(배경, 등장인물, 갈등)으로 시작해서 해결책으로 끝마칩니다. 메일 수신자의 역할과 요구되는 행동을 명확하게 제시할수록 더 빠른 응답을 받게 될 것입니다.

4

한페이지 문서 만들기

중요한 회의가 끝난 후에는 핵심 포인트가 담긴 한페이지 문서를 의사 결정권자에게 전달합니다. 너무 많은 정보와 데이터는 오히려 방해가 됩니다. 깔끔하게 구획을 나누고, 첫 줄에 핵심 아이디어로 시작해서 스토리의 4가지 지표들을 배치합니다. 모든 단락은 능동적인 각 헤드라인을 중심으로 서로 연결되어 흘러가야 합니다.

PART 5

잠깐만요!—

내 스토리에
어떻게
융통성을
발휘하죠?

14장

선서!
청중이 왕입니다

농담이었어요, 선서는 아닙니다. 그런데 말 나온 김에, 잠깐 여러분이 매일 대하는 사람들에 대해 솔직하게 이야기해 봅시다. 여러분의 상사, 직원, 고객, 투자자, 파트너……. 아시다시피 여러분의 아이디어를 최종적으로 수용하게 될 사람들 말입니다. 그들을 위해 우리가 새겨들어야 될 문구가 있습니다.

"훌륭한 스토리텔러는 자신의 세계를 벗어나 청중과 나란히 걸어갑니다."

스토리에 접근할 때 (또는 아이디어를 발표할 때), 청중이 누구인지, 또 그들의 사고방식은 어떤지 생각해 보자는 뜻입니다. 이 3가지 질문을 통해서 말입니다. **"그들의 세계에는 무슨 일이 일어나고 있는가?"**, **"그들에게는 누가, 또는 무엇이 중요한가?"**, **"어떤 도전(들)에 직면해 있는가?"**

여러분이 어떤 이야기를 환상적이라고 생각하든 간에, 청중은 자신과 관련된 이야기에 가장 쉽게 몰입합니다. 따라서 여러분이 그들을 움직이고, 변화하게 하거나 영감을 주고자 한다면, 그들의 의견이 가장 중요합니다. 그들이 필요로 하는 것을 주어야 합니다.

여러분이 원하는 것이 아니라, 항상 청중이 원하는 것이어야 합니다.

최고의 스토리텔러들은
자신의 세계를 벗어나
청중과 나란히 걸어갑니다.

이제, 청중에게 초점을 맞추라는 이 문구가 더 이상 생소하게 들리지 않으실 겁니다. 결국 우리가 일하는 대부분의 시간은 청중(특히 의사 결정권자)이 무언가를 하도록 설득하고, "좋습니다!"라는 답을 얻기 위한 것입니다.

하지만 우리는 늦은 밤 호텔 방에서, 아침 8시에 있을 프레젠테이션을 위해 정신없이 슬라이드를 꿰 맞추느라 청중의 발걸음을 놓치기 일쑤입니다. 그러다가 결국 프랑켄데크란 이름의, 뒤죽박죽 엉터리 슬라이드로 막을 내리고 맙니다.

그럼, 어떻게 해야 프랑켄데크를 피할 수 있을까요? **스토리 구축에 바로 적용할 수 있는 잘 확립된 프로세스**를 갖추세요. 그러면 분명 청중의 니즈에 발빠르게 맞춰 나갈 수 있을 겁니다.

청중의 관점은 그들의 역할에 따라 달라집니다

각자 맡은 역할이 다르고 직급이 다를 때, 사람들은 눈에 띄게 다양한 관점을 갖게 됩니다. 그리고 이 다른 관점들은 그들이 여러분의 스토리에 반응하고 상호 작용하는 방식에 영향을 미칩니다. 그러므로 이를 이해하기 위해 충분히 공들일 가치가 있습니다. (여러분이 강조하려는 메시지에 상당한 영향을 줄 수 있으니까요.)

경영진과 주요 관계자를 상대하고 계신가요? 중간 관리자라고요? 개별 현업자요? 그들 각각의 니즈는 완전히 다르고, 우선 순위도 다릅니다.

경영진의 역할은 승인입니다

시간이 촉박한 경영진과 주요 관계자들은 대부분의 시간을 업무 승인에 보냅니다. 그들은 큰 그림을 염두에 두고, 이익과 손실, 장기 전략의 영향, 그리고 당연히 투자 비용을 따지는 데 골몰합니다.

관리자는 영향력을 행사할 수 있습니다

중간 관리자는 중요한 의사 결정을 내리느라 하루를 보내지는 않더라도, 영향력을
행사할 수 있는 위치에 있습니다. 그들이 여러분의 아이디어에 호감을 느낀다면 널리
확산시킬 좋은 기회가 될 수 있습니다. 그들의 주요 관심은 여러분의 아이디어가 일상적인
업무전략에 어떤 영향을 미치게 될지, 그 성과는 어떻게 측정될지에 집중됩니다.

개별 현업자는 이를 실행에 옮깁니다

여러분의 아이디어를 현장에서 실행하는 사람들은 그 제안에서 그들과 관련된 것이
무엇인지에 주목합니다. 이들 개별 현업자는 여러분의 제안이 자신의 일상적인 업무에
어떤 영향을 미칠지가 주요 관심사입니다.

여러분의 스토리가 청중의 독자적인 관점을 더 많이 다룰수록, 청중은 더 많은 관련성을 느끼게 될 것입니다.

청중의 먼지 털기

그런데 우리가 어떻게 정말로 청중의 관점을 알 수 있을까요? 자 여러분, 이제부터 셜록이
되셔야 합니다. 돌아가서 이 장 처음에 소개했던 3가지 질문을 되짚어 보겠습니다.

> ✓ 그들의 세계에는 무슨 일이 일어나고 있는가?

> ✓ 그들에게는 누가, 또는 무엇이 중요한가?

> ✓ 그들은 어떤 도전(들)에 직면해 있는가?

이 질문들에 대한 대답은 여러분 스토리의 WHY로 이어집니다. 각 질문이 처음 3가지
지표들과 어떻게 연관되는지 살펴보겠습니다.

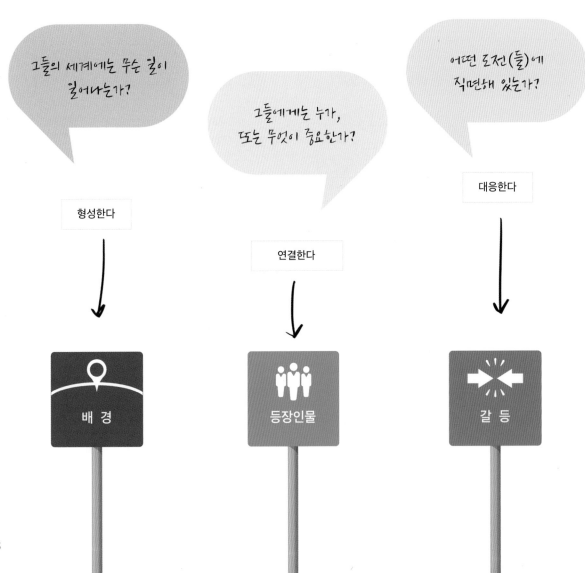

청중은 터무니없이
다양합니다
원 사이즈는 맞지 않습니다

그렇게 다양한 청중에게 어떻게 스토리를 맞추죠?

청중의 니즈가 모두 다르다는 것을 인지했으므로, 누구에게 이야기할 것인지 결정하고, 그들의 니즈에 맞게 이야기를 조정하는 것은 이제 여러분에게 달려 있습니다. 이는 여러분의 청중에 맞게 스토리의 요소를 변화시키거나 확장 또는 축소해야 할 수 있다는 의미입니다. 한마디로, 스토리에 융통성을 발휘해야 합니다.

스토리를 조정하는 것이 얼마나 간단한지 보기 전에, 잠깐 기본 스토리 구조를 짚어봅시다

모든 훌륭한 이야기에는 WHY, WHAT 그리고 HOW가 있음을 기억하실 겁니다. WHY는 처음 3가지 지표들 즉, 배경, 등장인물 및 갈등(순서에 상관없이)을 통해 설정됩니다. 스토리의 맥락을 정리하고 청중이 관심을 가질 이유를 제공하는 곳입니다. WHAT은 여러분의 핵심 아이디어(가장 중요한, 청중이 꼭 '가지고 가야 할' 포인트)로서, 청중이 여러분의 스토리에서 기억해야 할 한 가지입니다. HOW는 여러분의 해결책 즉, 권장 사항, 솔루션 개요, 제안서 등입니다.

예고

각양각색의 청중에 맞게 스토리를 어떻게 조절할 수 있는지 아이디어를 얻기 위해, 잠시 멈춥시다……. 이제 각각의 상황 속으로 순간 이동할 것입니다. 우리가 어느 시점에서인가 직면했던 너무나 익숙한 회의 시나리오들이 다음 장에서 펼쳐집니다.

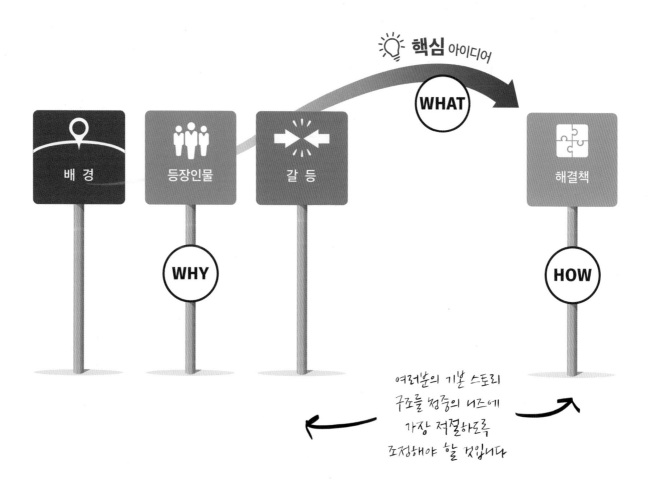

여러분의 기본 스토리 구조를 청중의 니즈에 가장 적절하도록 조정해야 할 것입니다

15장

경영진과 단 5분의
기회뿐이라면… 서둘러요!

여러분의 팀을 상상해 보세요. 팀은 몇 주에 걸쳐서 큰 프로젝트의 제안서를
준비했습니다. 곧 마주하게 될 상대 경영진에 대해서도 긴 시간 공들여 조사했습니다.
팀원들 모두가 이 치밀하게 계획한 30분짜리 프레젠테이션이 성공리에 끝나기를 바라며
바짝 긴장하고 있습니다. 이 거래가 성사된다면, 여러분은 대단한 능력자로 칭송받을
겁니다.

그런데, 정작 탄성을 질러야 할 고위 경영진이… 이런, 늦게 도착하고 말았습니다.

이제 남은 시간은 단 5분입니다.

자, 어떡할까요? 이 금쪽같은 30분을 어떻게 5분 안으로 압축할 수 있죠?

이것은 언제고 우리가 겪을 수 있는 흔한 시나리오입니다. 어쨌든 중역들은 자주 시간이
없고, 오래 집중하지 못하며, 가끔은 성질이 급하기도 합니다! 따라서 여러분은 항상 이런
돌발 상황에 대비를 하고 있어야 합니다.

이 가공할 시나리오에 즉각적으로 대처할 수 있으려면 어떻게 기본 스토리 구조를
조정해야 할지 함께 보시죠.

피벗 전략을 소개합니다

비즈니스계의 최신 화두는 무엇일까요? 바로 피벗™(스타트업이 신제품을 출시한 후 시장 반응을 체크하고 문제가 있다면 다른 사업모델로 전환하는 것 -역주)입니다. **경영진이나 주요 관계자를 대할 때는, 그들의 니즈에 맞춰 유연하게 피벗할 수 있어야 합니다.** 핵심 아이디어(기억하시죠, 여러분 스토리의 WHAT입니다)로 시작되는 스토리의 중심 구조를 기반으로 사용하되, 청중으로부터 받는 피드백에 주목하는 것입니다. 청중이 추가 맥락을 요구한다면, 기억해 뒀다가 스토리의 배경 및 등장인물, 갈등(WHY)을 제공합니다. 매우 간단한 배경 설명이라면 구두로 또는 시각 자료로 할 수 있습니다.

그러나 경영진이나 주요 관계자가 해결책부터 듣고자 한다면(그들이 추가 맥락 없이도, 여러분의 핵심 아이디어를 받아들이는 경우), 여러분의 해결책, HOW로 바로 넘어갈 수 있습니다. 중요한 것은, 여러분의 해결책이 그들의 요청에 따라 준비된 구체적인 계획과 세부 사항들로 그들의 니즈를 충족시켜야 한다는 것입니다.

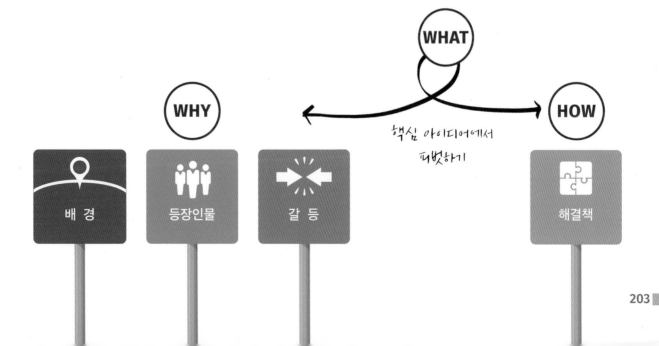

피벗은 어렵지 않지만, 스토리를 잘 파악해 융통성을 발휘해야 합니다

당연한 얘기지만, 피벗을 본격적으로 하려면 스토리를 앞뒤로 왔다 갔다 할 수 있어야 합니다. 융통성은 여러분이 익혀야 할 가장 중요한 기술입니다. 물론 여러분은 제대로 된 순서로 잘 짜인 스토리를 준비했을 것입니다만, 경로를 이탈할 경우에도 대비해야 합니다.

여러분은 스토리의 순서를 뒤바꾸거나, 아예 순서와 상관없이 말할 준비가 되어 있어야 합니다.

여러분은 청중의 필요에 따라 지그재그로 갔다가, 앞뒤로 오가기도 하고, 한곳만 집중해서 파고들 수도 있으며, 또는 개괄적인 관점에만 머물게 될 수도 있습니다. 이때 여러분이 (그리고 청중이) 스토리의 방향성을 유지하기 위해 필요한 것은 오로지 피벗할 수 있는 중심점, 즉 목표 지점입니다. **그 목표 지점은 언제나 여러분의 핵심 아이디어입니다.**

청중의 큐 신호에 주목하세요

피벗에 대비하는 것은 좋지만, 그것이 스토리의 중요한 요소를 생략해도 좋다는 뜻은 아닙니다. 앞에서 언급했듯이 배경, 등장인물, 갈등의 설정은 청중을 연관시키는, 즉 그들의 관심을 끌기 위한 방법입니다. 허락된 시간이 단 몇 분에 불과할지라도, 최소한 30~60초 정도는 들여 구두로라도 스토리의 WHY가 될 몇 가지 맥락을 제공해야 합니다. 그러나 이미 스토리의 맥락을 잘 아는 청중과 마주하고 있다면, 핵심 아이디어를 제시한 다음 재빨리 해결책으로 이동해야 합니다.

융통성을 발휘하되 스토리는 온전하게… 잘라낼 필요 없어요

피벗 전략을 실행할 때, 슬라이드 덱이 어떻게 달라져야 하는지 살펴보겠습니다(스토리를 시각적으로 전달하는 프레젠테이션의 경우입니다). 희소식은, 여러분이 만든 스토리의 순서는 그대로 유지할 수 있다는 것입니다. 슬라이드 일부를 삭제하거나 이동할 필요는 없습니다. 비결은, 단순히 건너뛰고 싶은 슬라이드를 '보이지 않게hide' 해 청중이 관심 있어 하는 부분만 정확하게 조명하는 것입니다. 그러나 재차 강조하건대, 단 5분간의 긴급 스토리라면, 먼저 핵심 아이디어 슬라이드로 시작해야 합니다.

숨김 슬라이드, 하이퍼링크, 랜딩 페이지, 오호 이런 방법이!

몇 가지 간단한 기술과 도구만으로도 눈치 빠른 스토리텔러가 될 수 있습니다. **스토리를 적절하게 피벗하려면, 여러분은 슬라이드를 볼 수 있지만 청중에게는 보이지 않게 할 수 있어야 합니다.** 그럼으로써, 발표 중에 불필요한 슬라이드를 뒤적거리지 않고 원하는 곳으로 바로 넘어갈 수 있습니다.

무대 뒤편에서, 숨김 슬라이드는
여러분이 청중에게 보여줄 것들을
통제할 수 있게 해줍니다.

스토리 순서대로 정렬된 슬라이드에서 갑자기 저 뒤쪽의 슬라이드로 가야 할 경우가 있습니다. 이때는 일일이 넘길 필요 없이('홈페이지로 가기'처럼) 다른 페이지로 이동할 수 있는, 하이퍼링크가 포함된 랜딩 페이지로 해결하는 것이 베스트입니다.

사례 연구

피벗 전략의 실제

피벗 전략이 실제 슬라이드 차원에서는 어떻게 작동하는지 살펴보기 위해,
앞 장에서 소개했던 보험 사례의 맥락에서 이를 검토해 보겠습니다. 차세대 보험
고객에게 다가가고자 하는 스토리, 기억하실 겁니다. 만일 촉박한 시간 내에 이 스토리를
발표한다면, WHY 슬라이드를 보여줄 여유가 없을 것입니다. 그렇다면, 대신 핵심
아이디어를 먼저 제시합니다. 차세대 보험 고객에게 다가가기 위해서, 우리는 구매 전
과정에 걸쳐 관계를 구축해야만 합니다. **이 지점에서 잠시 멈추고, 청중의 피드백을
요청합니다.**

이렇게 말입니다. "우리가 차세대 보험 고객과의 관계를 구축해야 하는 이유를 알고
싶으십니까? 아니면, 관계를 구축하는 방법에 대해 알고 싶으십니까?"

청중이 배경 정보(WHY)를 더 원하는지, 아니면 바로 실행 방법(HOW)으로 가길
원하는지를 알아내기 위한 질문입니다. 응답을 받으면, 청중의 니즈에 따라 즉각
피벗하세요.

항상 여러분 앞에 있는 청중의 반응에 따라 움직이세요.

**청중의 의견을 묻고, 정보의 흐름을 통제할 수 있는
권한을 부여하세요**

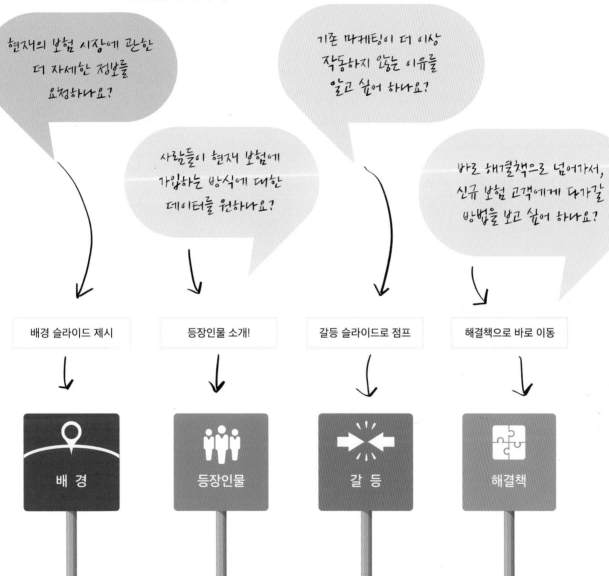

구조적으로, 스토리의 순서는 온전하게 남아 있습니다. 왜냐고요? 그래야 같은 스토리로 여러 버전을 만들지 않아도 될 테니까요(고마워요, 시간절약가!). 달라진 게 있다면, 시작할 때 보여줄 핵심 아이디어만 남고 모두 숨겨진 상태라는 것입니다. 하이퍼링크를 클릭하여 자세히 들어가기 전까지는 아무것도 나타나지 않습니다. 즉, '출발점(핵심 아이디어)'에서 어디로든 갈 수 있도록 준비된 상태입니다.

어디로 갈 것인지 청중에게 묻는 것은 꽤 현명한 전략입니다. 청중에게 핸들을 넘겨준 것입니다! 청중이, 특히 경영자들이 바라던 바입니다.

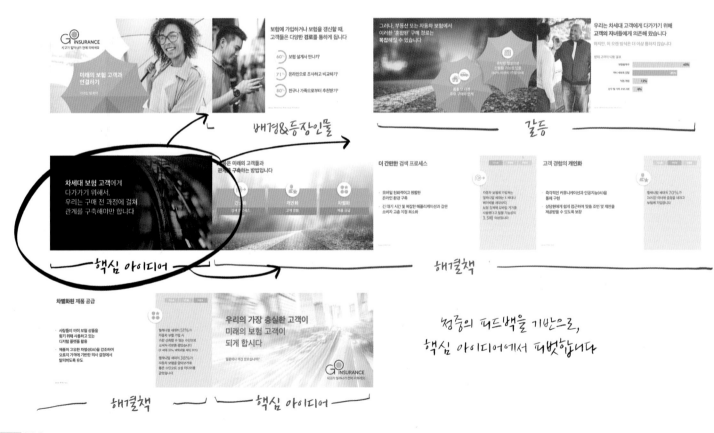

통제하고 싶다면, 통제권을 넘기세요

피벗 전략이 어렵다고 생각하는 사람도 있겠지만, 실제로 이것은 여러분이 스토리를 통제하도록 해 줍니다. 여러분이 회의나 의논을 (일방적인 독백이 아닌) 양방향 대화로 이끌 수만 있다면, 능숙하게 자료를 다루는 여러분의 능력과 함께, 경영진의 존재감을 과시하게 해주는 것이니까요.

> 경영진이 신속한 결정을 내리도록 조정하고 도울 수 있다면, 여러분은 더욱 신뢰를 얻게 될 것입니다.

여러분이 상사나 고객, 팀원, 또는 마주하는 누군가의 세계를 이해한다는 확신을 줄 때, 그들의 눈에 비친 여러분의 가치는 상승합니다. 피벗은 여러분의 시간이 반토막 나거나 청중 중 누군가가 옆길로 새려고 하는 (익숙한 일이죠?) 위험한 순간에도 여러분을 당황하지 않게 할 확실한 전략입니다. 실제로 우리가 교육하는 포춘지 선정 500대 기업 곳곳에서, 우리는 가장 내성적이고 긴장하던 발표자들이 피벗 전략을 통해 자신감을 높이고 진정한 '발표장의 주인'이 된 사례들을 목격했습니다.

16장

청중은 제각각입니다…

어떻게 모두를 만족시키죠?

만약 청중이 섞여 있다면 말이에요. 여러분 앞에 있는 청중이 서로 다른
분야에 종사하고, 각자의 관심사가 다양하며, 지적 수준도 서로 다른 사람들로 채워져
있다면 어쩌죠? 스토리 하나로 모든 사람의 니즈를 충족시킬 수는 없겠죠?

사실, 가능합니다.

그리고 이는 매우 흔한 시나리오입니다. 역시 피벗 전략과 마찬가지로, 기본 스토리
구조를 조정해야 합니다. 스토리의 구조와 핵심 요소들은 그대로 유지하되, 제각각인
청중에 맞게 스토리를 실제로 확장해야 합니다.

놀라운 성장 스토리

우선, 청중 내 주요 구성원을 모두 고려해야 합니다. 이렇게 서로 관심이 다른 그룹이
공존할 때는 여러 인물을 등장시켜서 니즈를 충족시켜야 합니다. 이 각각의 등장인물은
자신만의 특정한 갈등에 직면합니다. 왜 그래야 하냐고요? 그러한 갈등이 각각의 그룹에
특별히 중요한 의미를 갖기 때문입니다.

물론 여러분은, 모든 청중이 공감하는 공통의 갈등을 가진 스토리들을 발견할 수도
있습니다. 하지만 이러한 접근 방식은 까다로울뿐더러, 매우 드문 사례입니다. 따라서
다양한 청중을 대하는 경우라면, 되도록 여러 등장인물과 갈등을 준비해야 합니다.
물론 이때도 가장 중요한 한 가지는 바로 핵심 아이디어입니다.

하나의 핵심 아이디어로
여러분 스토리 안의 모든 등장인물과
요소를 통합해야 합니다.

여러분이 회사 임원들에게 새로운 서비스 아이디어를 제안하려 한다고 가정해
보겠습니다. 최고기술책임자[CTO]인 팸은 기술 사양에 관한 명쾌한 답을 원합니다.
인사부의 로버트는 이 계획에 새 인력이 얼마나 필요할지가 가장 궁금합니다.
최고재무관리자[CFO] 마리아에게는 이 새로운 서비스가 어떤 손익을 가져다줄지가 초미의
관심사입니다. 맞습니다, 청중 안에 실제로 (최소) 세 그룹이 공존하는 셈입니다.

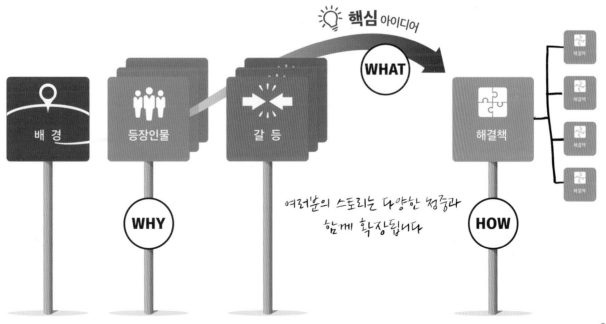

약간 확장된 WHY(배경, 등장인물, 갈등)부터 시작해서, HOW(해결책)로 이동합니다. 여기에 랜딩 페이지를 사용해 해결책을 경로별로 명확하게 구분하는 것이 좋습니다. 구분된 각각의 해결책이 각 그룹의 갈등을 해결합니다. 결국, 이 각각의 갈등이 다양한 청중의 다양한 니즈에 직접적으로 연결되는 것입니다.

그리고 물론, 유연한 자세로 청중과의 대화를 모색해야 합니다. 모든 것이 순서대로 잘될 거라는 방심은 금물입니다. 특히 다양한 구성의 청중을 대할 때는 더욱 그렇습니다. 저마다 다른 사람들 모두가 여러분 스토리의 각기 다른 모든 디테일을 눈여겨본다는 사실을 명심해야 합니다.

사례 연구

학교에서 노트북을 팔아봅시다

우리의 기업 스토리텔링 워크숍에 참가했던 한 대형 컴퓨터 회사 영업부장의 사례를 소개하려고 합니다. 까다롭고, 다양하게 구성된 청중의 더없이 좋은 사례가 될 것입니다. 그녀는 교육 기관에 강의실에서 버텨낼 정도로 튼튼한 교육용 노트북과 데스크톱, 워크스테이션 및 디지털 기기들로 이루어진 기술 솔루션을 판매합니다. 처음 학교와 접촉할 때, 그녀의 청중은 완전히 극과 극이었습니다. 그녀는 각기 다른 니즈와 관심을 가진 교사들, IT 직원들, 학교 이사들로 꽉 찬 방에서 그들을 설득해야 합니다. 이 청중 앞에서 '만능' 스토리에 의존할 순 없습니다. 일을 성사시키기 위해서, 그녀는 미리 청중의 개별적인 니즈를 파악해야 합니다.

스토리의 WHY에 익명 인물을 등장시킵니다

"알다시피 교사들은 늘 시간과 자원의 한계에 부딪칩니다. IT 직원들은 설치 및 유지 관리가 쉽고 안전한 기술을 원합니다. 또한 학교 이사진에게는 제한된 예산이 문제입니다."

실제 인물도 효과적입니다

조, 알렉스 그리고
마리아를 만나세요

조Joe **교사** 알렉스Alex **IT 부장** 마리아Maria **학교 이사**

"조는 3학년 교사입니다. 그는 자신의 교실에 컴퓨터를 마련하길 원하지만, 시간이 없고 자원도 문제입니다. 알렉스는 중학교의 IT 부장입니다. 그가 바라는 것은 자신이 효율적으로 관리할 수 있는 안전한 컴퓨터입니다. 마리아는 학교의 이사입니다. 그녀 역시 교실에 컴퓨터를 설치하고 싶어 하지만, 제한된 예산 때문에 비용 대비 효과를 신중하게 고려해야 합니다. 종합해 보면, 조와 알렉스, 마리아가 원하는 바가 다르지 않습니다. 경제적이고, 여러 용도로 사용할 수 있으며, 사용하기 쉬운 컴퓨터를 교실에 설치하는 것입니다."

명명된 등장인물이
스토리의 WHY를
더욱 생동감 있게
만들고 있습니다

조Joe
부족한 시간
제한된 자원
빠른 학습 효과

알렉스Alex
안전한 기술
효율적인 관리
교사 지원

마리아Maria
합리적인 기술
한정된 지역 예산
모든 학생의 평등

배경 & 등장인물 & 갈등

213

스토리의 WHY로부터 WHAT(핵심 아이디어)으로 연결합니다

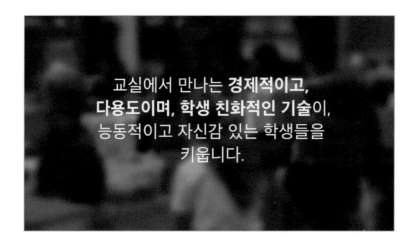

각각의 등장인물(실명 또는 익명으로)을 갈등과 함께 공개한 후, 그녀는 청중에게 핵심
아이디어를 제시합니다. "교실에서 만나는 경제적이고, 다용도이며, 학생 친화적인
기술이 능동적이고 자신감 있는 학생들을 키웁니다." 보시다시피 핵심 아이디어는 3개가
아닙니다. 대신 모든 청중을 통합하는 하나의 핵심 아이디어를 만들기 위해 의도적으로
계획된 것입니다. **여러분의 스토리에는 하나의 핵심 아이디어만 있어야 하며, 그렇지
않으면 청중이 알아야 하거나 실행해야 할 중요한 한 가지를 기억하지 못할 수 있습니다.**

핵심 아이디어에는 해결책의 프리뷰가 있습니다

스토리의 WHY와 WHAT이 명확하게 주어졌으니, 이제 HOW, 즉 해결책을 공개할
차례입니다. 그녀는 스토리의 중심으로부터 해결책을 다각적으로 보여주기 위한
방법으로 랜딩 페이지를 사용합니다. 이는 각 청중 그룹이 직면한 갈등에 대한
해결책들의 안내도와 같습니다. 랜딩 페이지를 통해 구분된 각각의 해결책 슬라이드로
쉽게 이동할 수 있습니다.

랜딩 페이지로 대화를 이끌고 갑니다

랜딩 페이지는 이 같은 다각적인 스토리를 위한 영리한 해법입니다. 왜냐하면 발표자와 청중 모두가, 드릴다운drill-down(더 많은 정보를 찾기 위해 관련 텍스트나 아이콘 등을 클릭하여 마치 뚫고 들어가듯이 검색하는 것 -역주)할 세부 정보의 위치를 한눈에 볼 수 있기 때문입니다. 랜딩 페이지는 이야기가 앞으로 어디로 나아갈지를 명확하게 보여줍니다.

랜딩 페이지

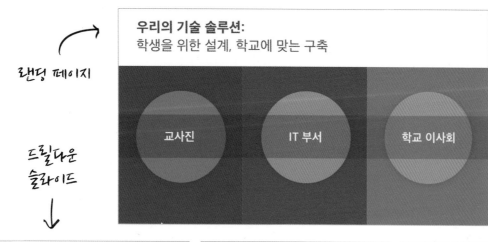

드릴다운
슬라이드

해결책

드릴다운 슬라이드로 상세 정보를 제공합니다

해결책의 드릴다운 슬라이드는 필요에 따라 얼마든지 많아질 수 있습니다. 여기에서는 각 해결책 경로마다 (개념 설명을 위해) 하나씩만 사용하고 있지만, 실제로는 HOW를 뒷받침할 여러 장의 슬라이드를 '커튼 뒤에' 대기시키게 됩니다.

17장

"슬라이드 3~5개만요!"

좀 힘든 상황이군요. 짜증스럽겠지만 극도로 흔한, 우리가 늘 겪는 일이기도 합니다. 사내 분위기, 정책, 시간적인 제약……. 이유야 어떻든 간에, 여러분은 슬라이드 몇 개만으로 스토리를 전달해야 합니다.

필경 여러분의 팀장이 자신의 윗선에 팀 아이디어를 보고하기 위해, 슬라이드 딱 3개만 골라 달라고 요구했을 겁니다. 방법은 두 가지입니다. 먼저, 기본 스토리를 줄여서 요점만 빠르게 전달할 수 있습니다. 아니면 다른 사람이 쉽게 전달할 수 있도록 스토리를 준비해야 합니다. 어떻게 하시겠어요? (글자 크기를 줄이는 것은 답이 아닙니다!)

3~5개의 슬라이드로 스토리를 전달하기 위한 두 갈래 선택이 있습니다.

- 옵션 1: 구두로 WHY를 전달합니다
- 옵션 2: 슬라이드 하나에 WHY를 시각적으로 표시합니다

팀장이 여러분 대신 발표해야 할 상황에서, 팀장이 구두로 WHY를 말하게 맡길 것인지, 슬라이드 하나 분량의 시각 자료를 준비해 줄 것인지 결정하라는 것입니다. 다시 말해서, 이것은 "여러분이 스토리를 어느 정도까지 통제하길 원하는가?"의 문제입니다.

두 옵션을 더 자세히 살펴보겠습니다.

옵션 1: 구두로 WHY 전달

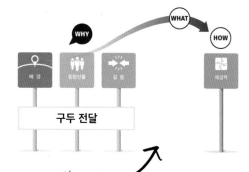

구두 전달

이 시나리오에서, 여러분은 스토리의 배경과 등장인물, 갈등을 구두로 설명한 다음, WHAT (핵심 아이디어란 것, 잊지 마세요)을 보여줍니다. 핵심 아이디어를 시각적으로 제시했다면, HOW(해결책)로 이동할 수 있습니다. 이 최소한의 슬라이드에서는 세부 해결책 역시 최소한으로 유지해야 합니다.

옵션 1은 여러분 자신 또는 여러분이 믿을 만한 사람이 발표할 때 좋은 방법입니다

옵션 1은 여러분이 직접 (또는 여러분이 잘 아는 믿을 만한 사람이) 발표할 때 효과적입니다. 즉, 여러분이 스토리의 WHY가 당초 의도대로 '충실하게' 전달될 것이라는 확신을 가지고 있는 경우입니다. 하지만 전적으로 확신할 수 없다면, 옵션 2가 더 안전한 선택입니다.

옵션 2: WHY를 시각적으로 표시

이 시나리오에서는 WHY를 시각적으로 표시하기 위해 **슬라이드 1개**(네, 딱 하나만요!)를 사용해야 합니다. 솔직히 말해, 슬라이드 하나에 모든 맥락을 압축하는 것도 쉬운 일은 아닙니다! 따라서 가장 관련성이 높은 것만 추려내 포함시켜야 합니다. 정리한 모든 것이 핵심 아이디어를 받쳐주고, 더 이상 불필요한 것들이 없는 상태라면 성공입니다.

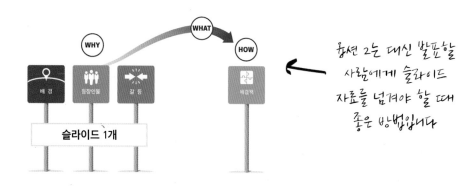

슬라이드 1개

옵션 2는 대신 발표할 사람에게 슬라이드 자료를 넘겨야 할 때 좋은 방법입니다

우리에게 익숙한 GO손해보험 스토리를 보시면, 슬라이드 하나에 WHY를, 다음 슬라이드에 WHAT을, 마지막에 슬라이드 2~3개로 HOW까지 모두 제시하는 방법을 확인할 수 있습니다.

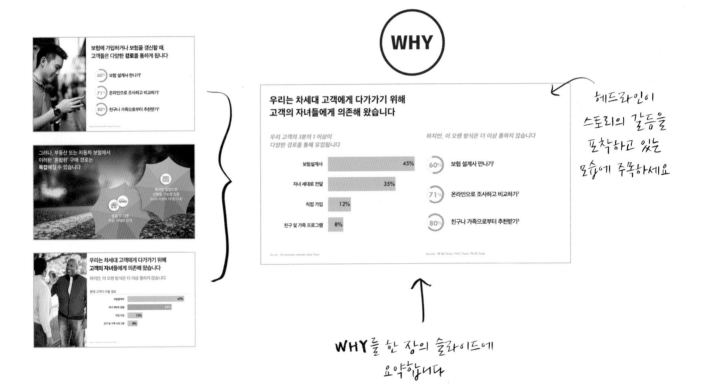

헤드라인이
스토리의 갈등을
포착하고 있는
모습에 주목하세요

WHY를 한 장의 슬라이드에
요약합니다

218

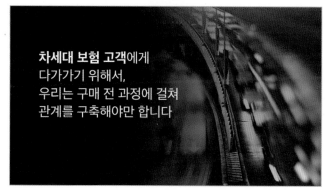

차세대 보험 고객에게
다가가기 위해서,
우리는 구매 전 과정에 걸쳐
관계를 구축해야만 합니다

다음은 미래의 고객들과
관계를 구축하는 방법입니다

간소화	개인화	차별화
검색 프로세스	고객 경험	제품 공급

WHAT은 간단한 한 문장
(여러분의 핵심 아이디어)입니다

HOW(여러분의 해결책)가
마지막에 등장합니다

18장

팀 프레젠테이션: 누가 무엇을 하나요?

팀으로 일하시나요? 거의 그러실 겁니다. 직장생활의 어느 시점에서는 누구나 팀에서 일하게 되는 것 아닌가요? 아마도 동료들과 함께, 매우 중요한 회의나 프레젠테이션을 직면하고 계실지도 모릅니다. 굉장히 보람 있는 결과가 될 수도…… 혹은 완전히 고통스러운 일이 될 수도 있습니다.

팀 협업은 여러 사람의 다양한 재능을 끌어낼 수 있을 때 진가를 발휘합니다. 각자의 방식으로 기여하는 두뇌 집단brain trust(원래 정치 후보나 현직자에 대한 가까운 고문 그룹을 설명하는 용어 -역주)인 것입니다. 하지만 단점도 있겠죠? 이 재능 기여자들이 제각기 다른 이야기를 하고, 그것들로 대충 꿰어 맞춘 '뒤죽박죽' 결과가 나올 수도 있습니다. (자세한 내용은 〈9장: 스토리를 시각화하는 5가지 검증된 방법〉에서, 공포스럽고 엉망진창인 '프랑켄데크'를 참고하세요.)

하지만 팀 스토리텔링이 늘 번잡스러워지는 것은 아닙니다. 대규모 팀에서도 얼마든지 강력하고 일관성 있는 이야기를 협업을 통해 구축하고, 시각, 언어 또는 두 가지 모두를 사용해서 전달할 수 있습니다.

장황한 스토리로 청중을 혼란에
빠트리는 사태를 피하려면,
여러분의 팀에는 공동의 스토리를
구축하고 전달하기 위한
계획과 프로세스가 필요합니다.

그리고 이 프로세스에서 중요한 것은, 항상 시각적인 요소보다 스토리에 먼저
집중해야 한다는 것입니다. 아무리 손이 근질거려도, 스토리를 완성하기 전까지는
파워포인트PowerPoint(다른 시각화 프로그램들도 마찬가지!)를 절대 열지 말아야 합니다.

자, 우선 구축에 대해서 이야기합시다.

모여서 구축하고, 흩어져 작업하고, 다시 모여 합칩니다

처음 구축을 시작할 때, 3가지 지표는 팀이 함께 작업해야 합니다. 즉, 스토리의
WHY(알다시피 배경과 등장인물, 갈등), WHAT(핵심 아이디어), 구체적인 프리뷰를 제공하는
HOW(해결책)입니다.

팀 스토리 구축

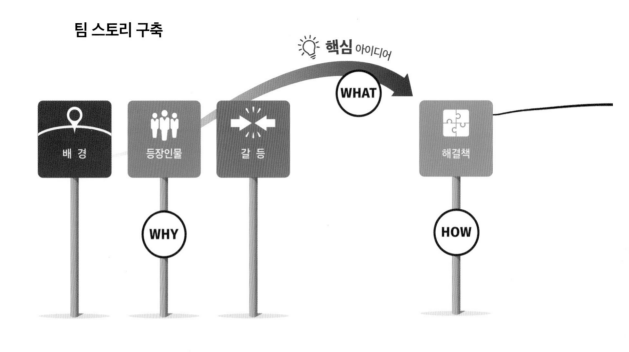

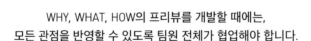

WHY, WHAT, HOW의 프리뷰를 개발할 때에는,
모든 관점을 반영할 수 있도록 팀원 전체가 협업해야 합니다.

이 지표들에 대해서는 반드시 팀의 일치된 합의가 필요합니다. 우리가 기업 스토리텔링
워크숍에서 지속적으로 발견한 것처럼, 이것이 프로세스에서 가장 많이 반복되기
때문입니다. 둘, 셋, 넷 또는 그 이상의 사람들이 프레임워크를 사용하여 하나의 스토리를
구축할 때, 그들은 스토리의 지표들을 짜내기 위해 서로를 담금질하게 됩니다. 분명하게
알 수 있는 게 있죠? 모두가 공통의 프레임워크를 유지한다면, 빠르게 정리할 수
있습니다.

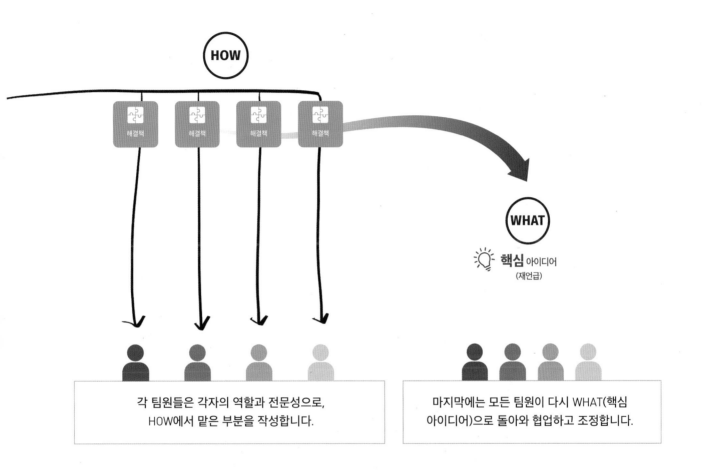

각 팀원들은 각자의 역할과 전문성으로,
HOW에서 맡은 부분을 작성합니다.

마지막에는 모든 팀원이 다시 WHAT(핵심
아이디어)으로 돌아와 협업하고 조정합니다.

청중이 진정으로 해결책에 관심을 갖게 하기 위해서, 팀은 청중을 신중하게 분석한 후에,
어떻게 배경을 설정하고, 등장인물을 소개하고, 갈등을 드러낼 것인지 결정해야 합니다.
우리가 〈16장: 청중은 제각각입니다… 어떻게 모두를 만족시키죠?〉에서 논의했듯이,
청중 각자가 가질 수 있는 다양한 관점을 진지하게 살펴야 합니다.

일단 여러분의 팀이 WHY와 WHAT에 (적극적으로) 동의했다면, HOW의 프리뷰로 넘어갑니다. 이 프리뷰는 갈등을 해결하는 다각적인 경로를 소개하는 곳입니다. 그 해결책들을 1만 미터 상공에서 내려다본다고 생각해 보세요.

이 프리뷰를 구축하는 것은, (다시 말하지만 가장 자주 반복되는 프로세스로서) 팀이 개별적으로 작업하기 위해 별도 영역으로 분기할 준비를 하는 사전 작업입니다.

비즈니스 프레젠테이션에서, **이런 프리뷰는 해결책의 각 경로를 시각적 '묶음'으로 만드는 랜딩 페이지로 작성할 수 있습니다**(우리는 어디든지 3~5개 정도의 묶음을 사용하길 추천합니다).

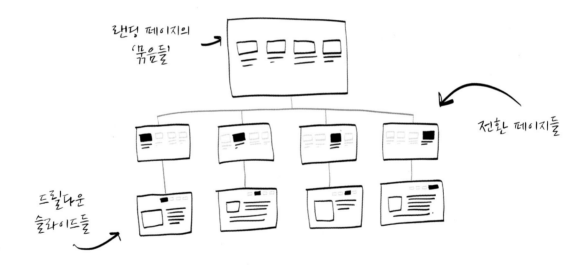

랜딩 페이지의 묶음이 다 정해지면, 팀은 이를 분할하여 해결책의 각 경로를 개별적으로 채워 나갑니다. 팀원 모두가 스토리의 틀을 만드는 데 참여했기 때문에, 이 시점에서는 다들 개별적으로 작업할 준비가 되어 있습니다. 특히, 스토리의 갈등에 대한 협업은, 모든 팀원이 각자 맡은 해결책의 정확한 목표를 조준하도록 합니다. 동시에 팀은 반드시 핵심

아이디어를 항상 염두에 두고, 끝까지 밀고 나가야 합니다. 맥락을 형성하기 위해 배경과 등장인물을 재언급하거나 참고 자료를 끌어올 만반의 준비를 갖추고, 언제나 헤드라인 사이의 점을 연결할 수 있어야 합니다.

랜딩 페이지는 각 발표자들이 전체 흐름을 방해하지 않고 자신이 맡은 부분으로 들어가거나 다음 발표자에게 넘기게 해줍니다.

순차적인 스토리텔링은 자칫 탈선하기 쉽습니다. 하지만 팀 스토리텔링에서는, 여러 사람이 궤도 이탈을 경계하며 지켜볼 수 있습니다. 다 함께 협업해 온 WHY, WHAT 그리고 HOW의 프리뷰 작업을 통해, 팀원들은 보다 큰 공동의 이야기라는 '군무(群舞)' 안에서 사신의 배역을 계속 되새기게 될 것입니다.

자, 그럼 스토리 구축을 어떻게 마무리할까요? 언제나 다 함께 합니다. 팀은 반드시 한자리에 모여 각 조각들이 연결되도록 조립하고, 그것들 전부가 (재차 강조되듯이) 핵심 아이디어로 귀결되는지 확인해야 합니다. 또한, 〈8장: 핵심 아이디어, 쉬운 방법이 있어요〉에서 설명한 바와 같이, 더 긴 WHAT+BENEIT 문장으로 확립됐던 핵심 아이디어는 인상적인 마무리를 위해 사운드바이트에 가깝게 보다 간결해질 수도 있습니다.

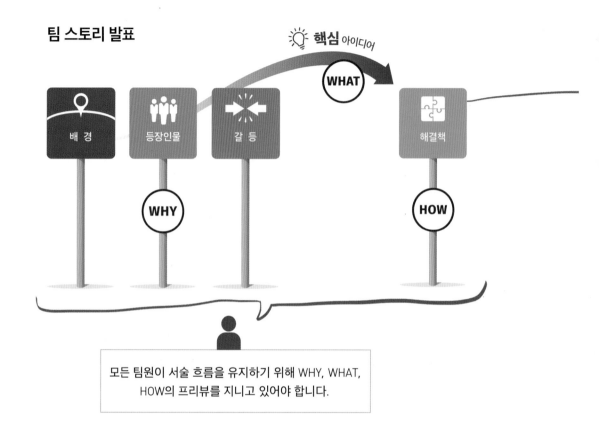

팀 스토리 발표

핵심 아이디어

WHAT

배경 · 등장인물 · 갈등 · 해결책

WHY · HOW

모든 팀원이 서술 흐름을 유지하기 위해 WHY, WHAT,
HOW의 프리뷰를 지니고 있어야 합니다.

이제 공연할 시간입니다

팀 스토리 발표에는 안무가 필요하기 때문에, 우리는 이것을 '군무(群舞)'에 비유하곤 합니다.

앞에서 언급했듯이, 구축 단계에서 팀은 스토리의 WHY와 WHAT을 정립하기 위해 함께
작업해야 합니다. 그다음의 HOW(해결책) 작업은 개별적으로 진행해도 됩니다. 그러나
마지막에는, 반드시 다시 모여서 모든 조각을 서로 결합해야 합니다.

팀 스토리 발표의 막이 올랐습니다. 솔로 댄서(프레젠테이션 진행자)가 나와서 스토리를
소개합니다. 이 댄서의 역할은 맥락을 조성하기 위해, WHY(배경, 등장인물 및 갈등)와

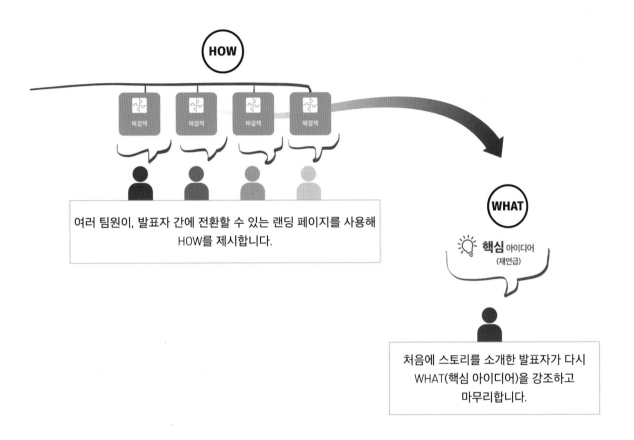

여러 팀원이, 발표자 간에 전환할 수 있는 랜딩 페이지를 사용해 HOW를 제시합니다.

처음에 스토리를 소개한 발표자가 다시 WHAT(핵심 아이디어)을 강조하고 마무리합니다.

WHAT(핵심 아이디어), HOW(편리한 랜딩 페이지 부분)의 프리뷰를 소개하는 것입니다.

이어서 다른 팀원들이 등장해 각자 맡은 HOW들을 보여줍니다. 그리고 마지막에 다시 솔로 댄서가 나와서, 핵심 아이디어를 반복하며 마무리합니다. 치밀하게 짜인 이 '군무'는 발표자들 사이의 흐트러짐을 최소화하면서 모든 스토리 요소들을 매끄럽게 이어갑니다. 대면이든 온라인이든, 시각 자료가 있든 없든, 이것이 바로 최적의 팀 스토리 발표입니다.

실제 팀 스토리가 어떻게 구축되고 전달되는지 차근차근 살펴보겠습니다.

01

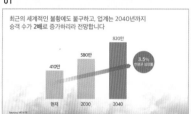

02

배경 & 등장인물

마르코가 WHY를 전달합니다

06

07

08

해결책

마르코가 랜딩 페이지로
HOW의 프리뷰를 제시합니다

발표자 전환을 알리는
랜딩 페이지가 표시됩니다

찰리가 첫 번째 해결책 묶음을
드릴다운합니다

12

13

14

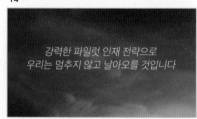

해결책

핵심 아이디어

미첼이 세 번째 해결책 묶음을
드릴다운합니다

발표자 간 마지막 전환은 해결책
랜딩 페이지로 돌아옵니다

마르코가 핵심 아이디어를 다시
언급합니다

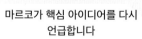

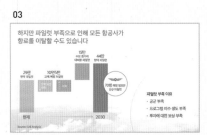

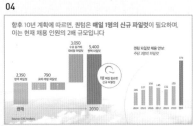

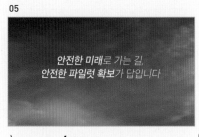

갈등   핵심 아이디어

마르코가 계속해서 WHAT을
전달합니다

해결책

발표자 전환을 알리는
랜딩 페이지가 표시됩니다

로라가 두 번째 해결책 묶음을
드릴다운합니다

발표자 전환을 알리는
랜딩 페이지가 표시됩니다

사례 연구

파일럿을 위한, 팀 파일럿 미션

실제 팀 스토리가 어떻게 구축되고 전달되는지 보기 위해, 〈10장: 제안서 작성하기〉의
퀀텀 항공 사례로 다시 돌아가 봅시다. 퀀텀의 마르코 팀, 마르코, 로라, 찰리, 미첼은
항공사 성장에 심각한 지장을 초래할 수 있는 절박한 파일럿 부족 문제를 해결하기 위해
슬라이드 자료를 준비해야 합니다.

다음 퀀텀 스토리 발표에서 팀원 각자가 맡은 역할을 자세히 볼 수 있습니다. 회의 진행자는 마르코 바스케스 피플 부사장입니다. 그는 배경(항공 산업의 성장)과 등장인물(승객, 항공사) 그리고 갈등(파일럿 부족으로 항공사가 승객의 수요를 감당하지 못함)을 소개하며 시작합니다.

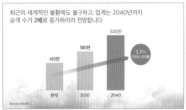

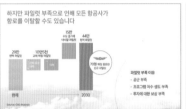
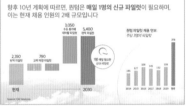

#1 발표자가
WHY
(배경, 등장인물,
갈등)를 전달합니다

마르코

마르코는 이어서 강력하게 핵심 아이디어를 제시합니다.

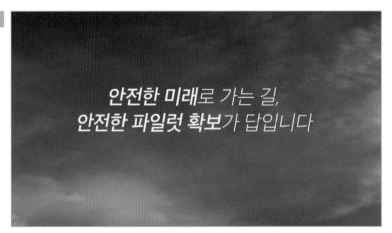

계속해서
#1 발표자가
WHAT
(핵심 아이디어)을
전달합니다

마르코

여기서부터 그는 팀의 해결책을 프리뷰로 제시합니다. 바로 파일럿 부족 문제를 해결하고 전 세계적으로 가파르게 치솟는 비행 수요를 충족시킬 HOW입니다. 마르코가 랜딩 페이지를 띄웁니다. 파일럿 부족 위기를 해결하고 새로운 인재를 충당하기 위해, 팀이 제안하는 3가지 경로의 명확한 시각적 장치입니다. 그는 프리뷰 화면의 세 묶음을 설명하고, 각 경로는 풀 컬러로 표시됩니다.

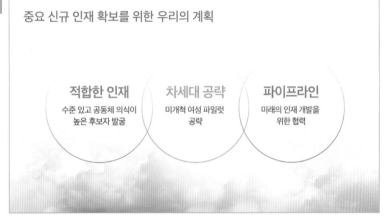

그런 다음 마르코는, 잠깐의 전환 슬라이드를 사용해 파일럿 확보 책임자인 찰리 우Charlie Wu에게 진행을 넘깁니다.

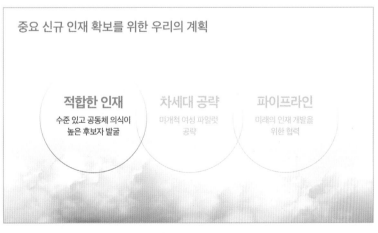

찰리가 마이크를 쥐는 순간, 전환 랜딩 페이지의 첫 번째 해결책 경로가 점멸합니다. 이제 '강화/약화'highlight and subdue'(중요한 것은 진하게 강조하고 나머지를 흐릿하거나 어둡게 처리 -역주) 시각 효과에 의해, 새 발표자가 다룰 콘텐츠만 풀 컬러로 부각된 상태입니다.

무슨 일이 있어도, 발표자가 교체되는 순간에 스토리의 추진력을 잃지 않도록 해야 합니다. 재차 강조해도 지나치지 않을 정도지요. 이렇게 30초간 점멸하는 짧은 전환 랜딩 페이지를 스토리 구축의 일환으로서 넣는다면, 발표자가 바뀌는 순간의 어색한 공백을 피할 수 있습니다. 알아요, 파일이 자꾸 무거워지겠죠. 하지만 그 이상으로, 이 몇 개의 슬라이드가 스토리에 가드레일과 같은 효과를 발휘합니다.

한 발 더 나아가, 완벽하게 매끄러우며 순전히 콘텐츠 중심의 전환이 될 수 있도록, 발표자 간의 구두 전환을 사전 스크립트로 작성하는 것도 좋은 방법입니다. 하지만 어떤 식이든, 스토리의 흐름에 방해가 되어서는 안 된다는 점만 기억하시기 바랍니다.

발표자 교체는 언제나 다음에 누가 말하는지가 아니라, 콘텐츠에 의해 이루어져야 합니다.

즉, 발표자가 바뀔 때 흔히 하듯이 "찰리가 다음 내용을 설명해 드릴 것입니다."라고
말하는 대신, 마르코는 스토리의 해결책 경로들이 배치된 랜딩 페이지를 보여줌으로써
콘텐츠가 스토리의 전환을 주도하게 합니다. 이렇게요! "우리는 파일럿 부족을 해결할
3가지 방법에 대해 논의할 것입니다. 적합한 인재를 발굴하는 방법, 여성 파일럿을
공략하는 방법 그리고 제휴를 통해 인재 파이프라인을 확장하는 방법입니다. [전환 랜딩
페이지로 이동] 먼저 파일럿 확보 책임자인 찰리가 적합한 인재 발굴에 대해서 설명해
드릴 것입니다."

이때 첫 번째 해결책 묶음을 맡은 찰리가 등장하여 강화된 파일럿 교육과 평가 및 선발
방법으로 들어갑니다.

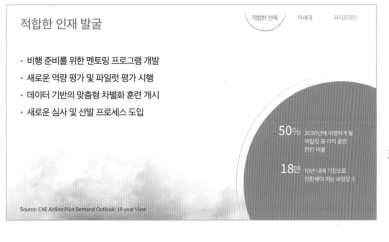

찰리의 설명이 끝나면 다시 전환 랜딩 페이지가 나옵니다. 이어서 두 번째 묶음(차세대 공략)이 강조되고, 인재 다양성 전문가 로라 싱어Laura Singer가 여성 파일럿 채용 확대에 대해 설명합니다. 이번에도 역시 다음 발표자를 말로 소개하는 것이 아니라, 콘텐츠에 의한 전환이 이루어지고 있습니다.

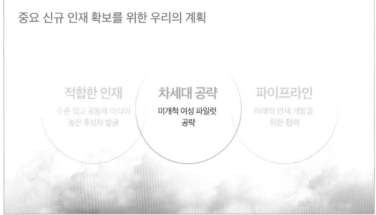

발표자 교체를 위한 전환 랜딩 페이지

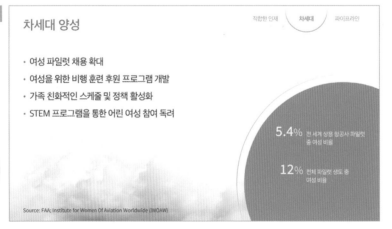

#3 발표자가 두 번째 해결책 묶음을 드릴다운합니다

마지막으로, 로라는 교육/개발 책임자인 미첼 디안젤로 Michelle DeAngelo에게 진행을 넘깁니다. 다시 등장한 전환 랜딩 페이지에서는 새로운 파일럿 발굴을 위한 업계 제휴 확대 방안이 풀 컬러로 표시됩니다.

발표자 교체를 위한 전환 랜딩 페이지

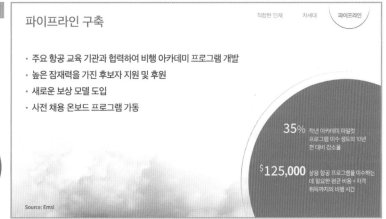

#4 발표자가 세 번째 해결책 묶음을 드릴다운합니다

미첼이 맡은 해결책이 끝나면, 다시 전체가 풀 컬러로 표시된 랜딩 페이지로 돌아와, 팀의 3가지 해결책을 요약합니다. 다시 등장한 이 슬라이드는 해결책을 효과적으로 리뷰할 뿐만 아니라, 스토리를 마무리하도록 마르코에게 진행을 넘기는 시각적 전환의 역할을 합니다.

미쉘

마르코

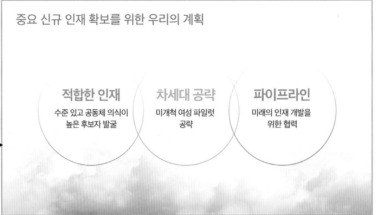

13

중요 신규 인재 확보를 위한 우리의 계획

적합한 인재
수준 있고 공동체 의식이
높은 후보자 발굴

차세대 공략
미개척 여성 파일럿
공략

파이프라인
미래의 인재 개발을
위한 협력

#4 발표자에서
#1 발표자로
전환됩니다

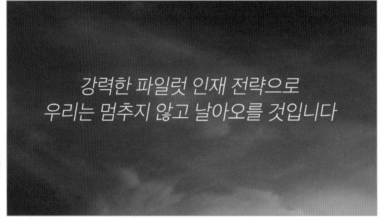

14

강력한 파일럿 인재 전략으로
우리는 멈추지 않고 날아오를 것입니다

마르코

#1 발표자가 핵심
아이디어를 재차
언급합니다

마르코는 사운드바이트 문장으로 핵심 아이디어를 다시 언급하며 마무리합니다.
이 프레젠테이션의 목적을 조금 더 기억하기 쉬운 문구로 강조하기 위한 훌륭한
선택입니다. (이전 문구를 다시 쓰는 것보다 덜 반복적으로 느껴지니까요.) 단, 사운드바이트는
오로지 자연스럽게 느껴질 때만 효과를 발휘합니다. 억지로 만들지 마세요! 막판에 가서
오히려 청중을 혼란스럽게 만드는 우를 범할 수 있습니다.

요점은...

계획을 가지고, 무대를 준비하세요

언제가 될지 모르지만, 여러분은 중요한 비즈니스를 위해 아이디어들을 서로 짜맞추고
전달하는 팀 작업을 하게 될 수 있습니다. 그러한 대규모 회의나 프레젠테이션에
참여하고 협업하기 위해서는, 스토리 구축과 팀 발표(군무)의 가이드가 될 수 있는
계획안과 프로세스를 상시 갖추고 있어야 합니다. 그리고 이는 팀의 크기와 상관없이
필요한 것임을 기억해 두시기 바랍니다.

주목할 것: 퀀텀 항공 스토리에서 확인한 군무(群舞)는 꼭 시각 자료가 있어야 가능한
것은 아닙니다. 준비가 덜 됐다면, 발표자 간에 쉽게 구두로 전환할 수도 있습니다.
그럼에도, 우리 인간은 어쩔 수 없이 시각과 청각 모두의 학습자인 관계로,
팀 스토리에서 청중을 안내하고 아이디어를 더 오래 기억하게 만들고 싶다면 시각
자료가 분명 도움이 될 것입니다.

19장

청중이 가상이라면

드디어 해내셨네요. 마침내 의사 결정권자들이 모두 참석하는 중요한 회의를 잡으셨습니다. 아, 한 가지 문제가 있다고요? '회의실'이 가상이군요. 여러분이 일반적인 대면 회의에 사용하는 슬라이드 자료는 매우 탄탄하고 잘 검증되었습니다. 또한, 늘 바쁘고 유능한 비즈니스 종사자들과 마찬가지로 여러분도 시간을 절약하고 싶습니다. 이런 생각을 하면서 말이죠. '같은 스토리를 원격으로 발표하면 안 되나요?'

네, 안 됩니다!

가상 환경의 스토리텔링은 달라야 합니다. 회의실에서 수도 없이 익숙하게 사용해 온 프레젠테이션 (또는 교육) 덱이, 원격 회의에서는 매우 다르게 작동하기 때문입니다.

뭐가 그렇게 다를까요?

원격 회의는
스토리와 시각 자료,
그리고 여러분의 실재감이
한데 어우러진 군무입니다.

원격 회의라는 '군무'를 완수하려면 3가지 중요 요소가 필요합니다

1

탄탄한 스토리 구축하기

두말하면 잔소리입니다. 이제 여러분은 어떤 자리에서든 스토리를 앞뒤로 왔다 갔다 할 능력이 있지만, 청중이 화면 뒤에 있을 때는 그런 기회조차 주어지지 않습니다. 기본적인 스토리텔링 구조를 토대로 잘 짜인 이야기가 절대적으로 필요합니다.

2

상호 작용 사전 계획하기

사전에 계획된 상호 작용은 왜 필요할까요? 가상세계에는 자연스럽게 오가는 몸짓 언어나 일반적인 대화가 있어야 할 곳이 비어 있기 때문입니다. 그 자리에 청중과의 '자연스러운' 연결을 기획해서 넣어주어야 합니다.

3

가상에서 실재(實在)감 형성하기

잘 짜인 스토리에 상호 작용을 유도하는 시각 자료나 구두 신호를 포함시키면, 민첩하고 반응이 뛰어난 진행자로 인식될 수 있습니다. 여러분도 스스로 여유와 자신감을 가지고 통제할 수 있게 되므로, 결과적으로 가상에서 더욱 존재감을 높일 수 있습니다.

사전에 계획된 상호 작용 끼워 넣기

여러분은 대화형 플레이스홀더^{interactive placeholder} 슬라이드를 사용하여 언제든 수시로 스토리상에서 직접 상호 작용할 기회를 만들 수 있습니다. 대화형 플레이스홀더 슬라이드가 뭐죠? 이것은 한마디로, '가상 환경의 교통 정리 프레젠테이션 슬라이드'입니다. 청중에게, **프레젠테이션의 어느 지점에서 무엇을 알아야(해야) 하는지 시각적으로 지시해 주는 것**입니다. 이들은 프레젠테이션 도중에, 질의응답이나 청중의 이해를 체크하는 간단한 설문 조사, 채팅 토론, 가상 화이트보드로 진행되는 브레인스토밍, 또는 소단위 그룹 활동 등을 실시하기 위한 시각적 정지 신호^{visual pause}이기도 합니다. 이런 대화형 플레이스홀더를 통해, 진행자는 독백으로 일관된 진행에서 벗어나 청중의 니즈를 파악하고, 즉시 해결할 수 있게 해줄 소중한 피드백 기회를 보장받을 수 있습니다. **실로 원격 회의의 생명줄입니다.**

강력한 시각적 장치가

가상의 청중에게 직접
앞으로 등장할 것들과
어떻게 상호 작용할지
안내합니다

다음은 대화형 플레이스홀더 슬라이드의 몇 가지 사례들입니다.

이쯤에서 여러분은 아마 궁금해할 겁니다. '내 슬라이드 속 대화형 플레이스홀더를, 어떻게 설문 조사, 화이트보드, 채팅과 같이 온라인에서 작동하는 실제 도구와 연동시킬 수 있지?' 간단히 말하자면, 대화형 슬라이드는 온라인 도구를 역동적이고 시각적으로 구현할 수 있도록 지원합니다. 어떻게 연동되는지 직접 보시죠.

설문 조사
플레이스홀더
슬라이드
↘

 +

← 설문 조사

= 고도의 대화형 가상 경험

여러분의 프레젠테이션 자료와 대화형 플레이스홀더를 (원격 회의 플랫폼에 공유하거나 업로드하게 될) 하나의 파일로 저장합니다. 상호 작용을 실시하기 위해 진행을 멈추면, 대화형 플레이스홀더가 여러분과 청중 모두에게 시각적 신호를 보냅니다. 가령, 청중을 점검하기 위한 설문을 시작한다면, 먼저 대화형 플레이스홀더가 보여지고, 이를 클릭하면 바로 설문이 시작되는 식입니다(사전에 치밀하게 설정한 것이지요). 시각적인 대화형 플레이스홀더와 도구 간의 이러한 연동이, 적절하게 청중을 안내하며 고도의 대화형 가상 경험을 제공합니다.

주의가 필요해요

원격 회의 플랫폼 안에는 온갖 종류의 환상적인 대화형 페이지와 도구들이 있습니다.
그러나 도구는 만능이 아닙니다. 도구는 있기 때문에 사용하는 것이 아니라, 계획적으로
사용되어야 합니다. 여러분의 목표는 언제나 가상의 청중과 의미 있는 양방향 대화를
만들어 가는 것입니다.

예를 들어, 몇 사람만 참석하는 원격 회의라면 설문 조사나 워밍업 세션은 적당하지
않습니다. 대신 소규모 그룹에서는, 채팅 토론이나 화이트보드 주석을 통한
브레인스토밍이 친밀한 상호 작용을 만드는 데 보다 유리할 수 있습니다. 반대로 청중이
대규모라면, 설문 조사나 공식적인 Q&A, 또는 워밍업 세션을 선택하는 것이 좋습니다.
다시 강조하지만, **청중의 규모에 따라 적절한 도구를 신중하게 선택해야 합니다.**

다음은 청중의 규모에 따라 자주 사용되는 가상 도구들을 정리한 도표입니다.

	소규모 (1-10명)	중규모 (11-50명)	대규모 (50명 이상)
워밍업 세션	✗	✔	✗
채팅	✔	✔	✗
피드백 도구	✗	✔	✔
설문 조사	✗	✔	✔
질의응답	✗	✔	✔
화이트보드	✔	✔	✗

계획된 가상 상호 작용 = 대면 회의보다 많은 양의 콘텐츠

가상 상호 작용은 3~5분당 한 번이 이상적입니다. 이보다 길어지면 가상의 청중이 주의를 돌릴 수 있기 때문입니다. 맞습니다. 다시 말해, 원격 회의에서는 여러분이 대면 프레젠테이션을 할 때보다 더 많은 슬라이드가 필요하다는 이야기입니다.

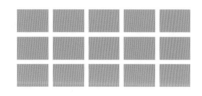

대면 회의: 2~3분에 1 슬라이드

원격 회의: 20~30초에 1 슬라이드 또는 멘트

가상 상호 작용을 어떻게 계획할지 아직 확신이 안 선다면, 다음 세 질문을 고려하세요. **"얼마나 자주 체크할 것인가?", "내게 필요한 정보는 어떤 유형인가?", "온라인에서 내 스토리 진행에 가장 도움이 되는 피드백(상호 작용)은 무엇인가?"** 단, 모든 것은 이 원격 회의를 통해 청중의 니즈를 파악하고, 원하는 결과를 얻는 것으로 귀결돼야 한다는 것을 기억하시기 바랍니다.

사례 연구

계획된 상호 작용의 실제

이제 실제 비즈니스 스토리 안에 구현된 대화형 플레이스홀더를 살펴보겠습니다. 세계적으로 유명한 수면 전문가이자 슐립^{Shleep}(네덜란드의 디지털 수면 코칭회사로, 2016년 엘스 반 더 헬름 박사와 조란 알버스^{Joeran Albers}가 공동 설립함 -역주)의 최고경영자, 엘스 반 더 헬름^{Els van der Helm} 박사의 프레젠테이션 사례입니다. 슐립의 기업 프로그램은, 조직이 수면을 통해 직원의 복지에 '투자'함으로써 전반적인 성과를 높일 수 있도록 지원합니다.[1] 이 스토리는 반 더 헬름 박사가 각계의 다양한 인사 담당 임원들을 상대로 발표한 내용입니다.

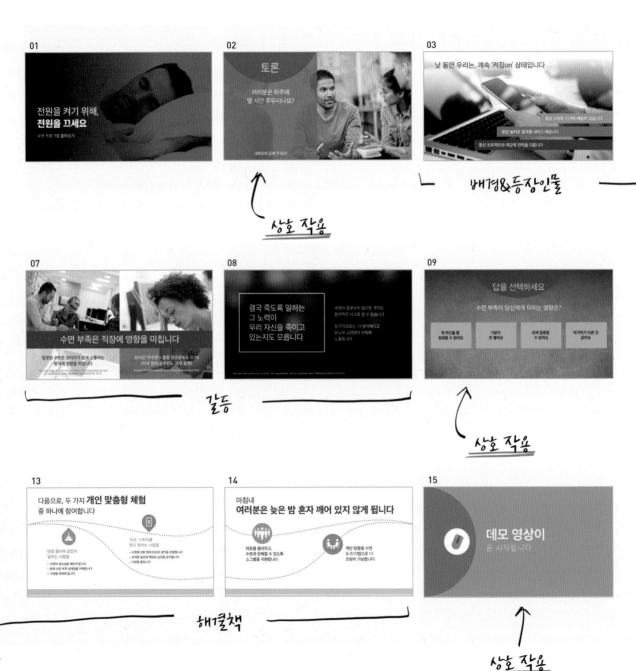

04
밤에도 우리는 '꺼짐off'
스위치를 찾지 못합니다

"우리는 해진 다음에도 자극이 멈추지 않는
세상을 만들고 또 그 안에 살고 있습니다."
- 뉴스위크, 2015년 3월

05
실제로, 성인의 **20%**는
6시간 미만의 수면을 취합니다
(전체적으로 한 세대 전보다 줄었습니다)

Source: Els van der Helm, PhD

06
채팅
우리가 충분히 수면을
취하지 못할 때, 어떤 결과를
초래할까요?

대화창에 답해 주세요!

배경&등장인물

상호 작용

10
좋은 성과를 유지하기 위해서는
휴식과 충전이 필요합니다

'파워 다운 투 파워 업'을 소개합니다

실용적인 성과 도구와 기술을 담은 맞춤형 수면 프로그램으로,
수면을 극대화하고 '휴식 줄 줌'을 수 있습니다.

11
현대 수면 과학을 이용한
과학적 프로그램입니다

수면에 대한 당신의 인식을
진단하고 재정의합니다

수면 부족이 건강, 기억력,
서고력 및 성과에 어떤 영향을
미치는지 해석서 됩니다.

건강한 수면 습관을 들이기
위한 기술을 개발하고
안내합니다.

12
이 여정은
당신을 아는 것부터 시작합니다

발견: ①   ②   ③

수면이 당신의
에너지 및 직장 업무에
미치는 영향에 대한 성찰

숙면을 방해하는 습관들

당신이 수면 채변과,
그것이 수면 부족을
초래하는 이유

핵심 아이디어

해결책

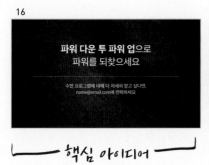

16
파워 다운 투 파워 업으로
파워를 되찾으세요

수면 프로그램에 대해서 더 자세히 알고 싶다면,
name@email.com에 연락하세요

17
Q&A
프로그램에 대해서 궁금하신가요?
채팅창에 질문을 남겨주세요

핵심 아이디어

상호 작용

상호 작용이 서술 구조에 어떻게 들어가 있는지 주목해 주세요. 공개 토론으로 시작하는군요. 이 토론은, 회의에서 바라는 목표를 수립할 기회로 삼을 수도 있고, 이 사례에서처럼 주제를 준비하는 수단으로 삼을 수도 있습니다. 반 더 헬름 박사는 청중에게, 자신의 현재 수면 습관을 되돌아보고 공유해줄 것을 요청합니다. 그녀는 이어서, 스토리의 맥락이 될 배경과 등장인물을 소개합니다. 근무 시간 동안 우리[등장인물]는 항상 '켜짐' 상태로 기기들에 매달려 있으며, 마감 시간까지 전력을 다하고, 놀라운 결과를 내려고 노력합니다[직장이라는 배경]. 그러나 밤이 되면 '꺼짐' 스위치를 찾는 데 어려움을 겪는다는 것입니다.

그런 뒤 이를 뒷받침할 자료를 제시합니다. 20%의 미국인들이 6시간 미만의 수면을 취합니다. 이 상황은 청중의 일상에서 벌어지고 있는 익숙한 그림이어야 합니다. 하지만 (이것이 중요합니다) 반 더 헬름 박사는 청중이 스토리의 배경과 등장인물과 관련이 있다고 가정하지 않습니다. 대신에 그녀는, 또 다른 시각적 멈춤(상호 작용)을 통해 이렇게 질문합니다. "우리가 충분히 수면을 취하지 못할 때, 어떤 결과를 초래할까요?"

이제 갈등이 소개되고, 조치를 취하지 않을 경우 어떤 위험에 처하게 되는지 보여줍니다. 데이터는 수면 부족이 우리의 행동 능력, 창의력, 전반적인 건강까지도 해친다는 사실을 뒷받침합니다. 이 지점에서 그녀는 다시 한번 시각적 멈춤을 통해, 청중이 이 갈등에 얼마나 공감하는지 가늠하는 설문 조사poll를 띄워 청중의 참여를 유도합니다. 다음 단계로 그녀는 핵심 아이디어를 전개합니다(청중이 기억해야 할 단 하나의 핵심 메시지를 유념하세요). "좋은 성과를 유지하기 위해서는 휴식과 충전이 필요합니다." 마침내 반 더 헬름 박사는 수면 프로그램이 어떻게 나쁜 수면 습관을 바로잡는지 소개하는 해결책을 제시합니다. 끝으로 그녀는, 자신의 해결책에 대한 질의응답 토의Q&A를 알리는 마지막 대화형 플레이스홀더 슬라이드로 발표를 마무리합니다.

그래서 결론이 무엇이냐고요? **원격 회의는 대면 회의와 다르다**는 것입니다. 단순히 로그인하여 슬라이드를 넘겨서는, 마법과 같은 상호 작용은 일어나지 않습니다. 시작부터 끝까지, WHY-WHAT-HOW가 잘 갖춰진 스토리에 상호 작용을 가미하여 세심하게 조율해야 합니다. 실제로 이렇게 했을 때 여러분은, 원격 회의가 어색하거나 지루한 것이 아니라 매우 생산적일 수 있다는 사실을 알게 될 것입니다.

가상에서의 실재감 높이기

이제 여러분은 견고한 스토리와 가상 환경을 위해 특별히 사전 설계된 온갖 상호
작용으로 무장했습니다. 그러나 무시할 수 없는 인간적인 요소가 아직 남았습니다.
그 마지막 요소는 바로 그 모든 것을 하나로 결집시키게 될 실재감^{presence}입니다.
실재감이란 정확히 무엇일까요? 수많은 온라인 회의를 힘 빠지게 만드는 어색한 침묵
또는 어수선한 잡담을 방지하기 위해, '**가상 회의실의 분위기를 파악**'하고 빈 곳을 채울
수 있는 능력을 말합니다.

예를 들면, 미리 계획된 시각적 멈춤을 통해 청중과 상호 작용할 때, 침묵이 길어지거나
혹 응답이 지연되고 있는지 주시해야 합니다. 만일 초점이 흐려지거나 산만함이
감지된다면 체크해야 합니다. 이때는 스토리를 잠시 늦추더라도 즉흥적인 상호 작용을
투입하는 편이, 사람들을 떠나게 하는 것보다 훨씬 낫습니다.

대화형 플레이스홀더가 시각적으로 보여주는 내용을 직접 구두로 반복하는 것도,
가상에서 여러분의 현장감을 높이는 또 하나의 좋은 방법입니다. 왜냐고요? 여러분이
설문 조사를 시작하기 직전 또는 질의응답을 위한 대기 화면 등에서 어색한 침묵의
순간이 있을 수 있기 때문입니다. 또한 청중에게는 여러분이 요청한 것을 잠시 생각하고
처리할 시간이 필요할 수도 있습니다. 그러므로, 그 빈 시간을 채워줄 약간의 준비된
멘트가 필요합니다. 이런 경우에 사용할 수 있는 몇 가지 예문들이 있습니다.

설문 조사를 실시할 때

여러분의 의견이 궁금합니다. 간단한 설문 조사를 진행하겠습니다.

여러분은 동의하시나요, 아니면 비동의하시나요? 잠시 설문에 응해 주시기 바랍니다. '전송하기'를 꼭 클릭해 주세요.

잠시 여러분의 의견을 들어볼까요! ···에 대한 설문 조사를 시작하겠습니다.

피드백을 요청할 때

질문하실 때는, 손을 들고 음소거를 해제해 주세요. 여러분의 의견이 궁금합니다.

제 목소리가 들리면 손을 들어주세요.

···해 본 경험이 있으신가요? '예'라면 초록 박스에, '아니오'라면 빨간 박스에 체크해 주세요.

채팅 토론을 시작할 때

> 채팅창으로 전환해 주세요. 오늘 세션 후에 참고하시도록 몇 가지 중요한 링크를 게시했습니다.

> 의견이 있으시면 채팅창에 직접 입력하셔서 모두에게 공유해 주세요.

> 막간을 이용해 채팅창에 의견을 남겨주시기 바랍니다. 여러분의 의견이 궁금합니다!

요점은...

원격 회의는 대세입니다

여러분 모두 원격 회의를 성공적으로 이끌기 위한 준비를 해 둘 필요가 있습니다. 온라인 회의에는 대면 회의와 같은 몸짓 언어야 부족하지만, 얼마든지 가상의 몸짓 언어를 계획할 수 있습니다. 탄탄한 스토리에, 치밀하게 짜인 충분한 상호 작용을 준비한다면, 처음부터 끝까지 청중의 요구에 부응하는 원활하고 세련된 회의를 진행할 수 있습니다. 그 결과요? 여러분이 얻게 된 통제력과 재능이 여러분의 자신감은 물론, 여러분의 실제적인 존재감(사회적 위상)까지 높여줄 것입니다.

249

정·리·합·시·다

다양한 청중에 맞게
스토리를 조정합니다
청중 선서를 기억하세요

강력한 스토리를 구축하고 싶다면 항상 청중을 생각하시기 바랍니다. 먼저, 청중에 대한 몇 가지 기본적인 질문과 고려 사항으로 시작합니다. 우리는 또한, 비즈니스 커뮤니케이션에서 일반적으로 겪을 수 있는 시나리오들에서 여러분이 스토리를 어떻게 조정할 수 있을지에 대해서도 간략하게 살펴봤습니다. 다시 강조하자면, 모든 것은 여러분의 청중과 기본 스토리 구조로부터 출발합니다.

1

청중이 우선입니다

청중은 항상 여러분 스토리의 첫 번째 고려 대상이어야 합니다. 청중의 관점과 그들이 맡은 업무에 대해 충분히 조사하세요. 이것은 여러분 스토리의 순서와 세부적인 수준에까지 영향을 미칩니다.

2

피벗 전략

여러분의 가장 까다로운 청중은 의사 결정을 코앞에 둔, 성미 급한 경영자들입니다. 최선의 전략은, 비선형적으로 스토리를 전달해야 할 상황에 대비하고, 순간순간 청중의 니즈와 질문에 대응할 수 있도록 피벗하는 것입니다.

3

청중은 다양합니다

청중 한 사람이 모두를 대변할 수는 없습니다. 다양한 니즈를 가진 청중에게 직접 대응할 수 있도록 스토리를 확장할 준비가 되어야 합니다.

스토리 구조를 확장/축소/변형해야 될 경우는 무수히 많습니다. 우리가 살펴본 것들은 그중 가장 흔하게 겪을 수 있는 몇몇 사례에 불과합니다. 하지만 여러분이 기본 스토리 구조를 염두에 두고 지킨다면, 대부분의 비즈니스 대화를 이끌어 갈 통제력을 확보할 수 있습니다.

청중, 스토리 구조, 유연성입니다.

기억하시겠죠? 계속 갑시다.

4

슬라이드 3~5개만요

회의가 길어지는 것을 막기 위해, 슬라이드 개수를 제한할 때가 있습니다. 걱정 마세요. 스토리의 지표들을 압축한다고 해도 여전히 의미 있는 해결책으로 이끌 시간은 충분합니다.

5

팀 스토리텔링

팀 스토리는 공통의 프레임워크를 기반으로 구축하고, 군무를 공연하듯이 발표합니다. 스토리의 WHY, WHAT 및 HOW의 프리뷰를 다 같이 결정한 후, HOW의 각 부분을 분담하여 개별적으로 작업하면 됩니다.

6

가상의 청중

가상 환경의 청중은 현실의 그들과는 다르기 때문에, 그에 맞춘 스토리 조정이 필요합니다. 잘 구축된 스토리 구조에, 미리 계획된 상호 작용으로 빈틈을 채우고, 시각적 장치와 구두 신호를 함께 사용합니다. 결과요? 여러분은 청중의 니즈에 더욱 민첩하게 부응하며, 자신감 넘치는 스토리텔러가 될 것입니다.

PART 6

이제 모두 함께—

공통의
스토리텔링
언어를
만들어 가요

20장

스토리 코칭
문화 조성하기

잘하셨습니다. 여러분은 비즈니스 스토리텔링의 기본을 모두 마쳤습니다. 훌륭한 스토리가 갖춰야 할 구성 요소들을 터득했고, 핵심 아이디어의 중요한 역할을 알게 됐으며, 능동적인 헤드라인 작성법을 익혔습니다. 그리고 이 모든 것들을 10여 가지 실제 사례를 통해 확인했습니다. 여러분이 영감을 얻으셨기를 바랍니다.

그러나 여러분(그리고 동료들)이 누군가에게 아이디어를 설득할 때마다 이러한 도구와 시스템을 사용하고자 한다면, 이것이 여러분의 일상적인 프로세스로 자리 잡아야 합니다. 심지어는 한 발 더 나아가, 여러분 조직 문화의 일부가 되어야 합니다.

비즈니스 스토리텔링은
한 조직의 문화로서
스며들었을 때 가장
위대한 효과를 발휘합니다.

여러분 모두, 갑자기 폭발적으로 유행하다가 순식간에 잊힌 사업 트렌드를 본 적이 있으실 겁니다(블랙베리폰처럼요, 기억하시나요?). 그러나 스토리텔링은 그런 한때의 유행이 아닙니다. 잊지 마세요. 우리 인간은 수천 년 동안 이야기와 함께 해왔다는 사실을요. 단지 비즈니스를 위해서 쓰지 않았을 뿐이지요. 자, 그렇다면 어떻게 해야 "우리도 스토리텔링 해야 될 거 같은데요" 수준에서 더 나아가, 스토리텔링을 팀의 일상으로 만들 수 있을까요?

먼저 스토리텔링 문화를 구축하고 강화하는 것으로 시작해서, 여러분의 팀, 부서 그리고 궁극적으로 조직 전체에 스며들게 하세요. 생각보다 복잡하지 않아서 놀라실지도 모릅니다. 사실 조직의 모든 사람이 '스토리'를 말하게 하려면, 일상의 프로세스에서 한 가지 중요한 변화가 필요합니다.

코칭입니다.

그렇습니다. **관리자 코칭과 동료 간 코칭을 규칙적으로 연습할 필요가 있습니다.** 그리고 이 일에는 관리자들이 앞장서야 합니다.

코칭, 위에서 아래로, 그리고 옆으로

오늘날의 관리자에게는 업무 지휘자나 가까운 조언자 이상의 역할이 기대됩니다. 훌륭한 관리자는 훌륭한 코치이기도 하지요. 부하 직원을 밀어주고 멘토링하며 그들이 자신의 업무를 통해 성장할 수 있도록 돕습니다. 그리고 그들의 역할은 하나 더 있습니다. **팀 내 코칭 훈련을 강화**하는 것입니다.

관리자가 동료 간 코칭을 격려하고 긴밀한 협업 분위기를 조성할 때, 조직은 현저하게 달라집니다. 업계 분석가이자 버신 바이 딜로이트 Bersin by Deloitte(2001년 설립된 인재 개발 컨설팅 회사 -역주)의 창립자인 조시 버신 Josh Bersin은 코칭의 효과를 연구한 결과, 체계적인 관리자 주도 코칭은 더 뛰어난 리더를 양성하고 인재 유지 능력을 향상시킨다는 사실을 발견했습니다.[1]

혹시 이렇게 생각하고 계신가요? '좋습니다! 그런데 이런 코칭이 스토리텔링과 관계가 있나요?' 네, 절대적입니다. 스토리 구축 프로세스에서 관리자 또는 동료 간 코칭이 일상적으로 시행됐을 때, 스토리텔링 기술이 급격히 향상되었습니다. 사람들은 코칭을 통해 자신의 아이디어와 통찰, 데이터를 편집하고, 명확한 논리적 흐름을 가진 강력한 스토리로 엮어내는 방법을 알 수 있게 됩니다. 그뿐 아니라 코치는, 팀원의 스토리가 그들이 목표로 하는 청중을 제대로 겨냥하고 있는지 판단할 수 있게 돕습니다.

동료 및 관리자 코칭이 스토리 구축 프로세스에 더 많이 접목될수록, 스토리텔링은 더 큰 문화로 스며들게 될 것입니다.

결론적으로, 코칭이 일상적으로 이루어질 때 스토리텔링 기술은 모든 단계에서 빠르게 발전합니다.

스토리 코칭, 관리자부터 시작합니다

자신의 팀에 스토리텔링을 확산시키고자 하는 모든 관리자 여러분, "훌륭합니다!" 단, 명심할 것이 있습니다. 이 변화를 추진하는 것은 전적으로 여러분의 손에 달려 있다는 사실입니다. 무엇보다, 일상적인 팀 프로세스를 결정하는 것은 관리자의 몫이고, 스토리텔링도 예외가 아닙니다. **팀원들에게 스토리텔링이 습관화되기를 원한다면, 리더가 먼저 모델을 만들어야 합니다.**

관리자는 팀원들이

처음에 실패하더라도

안심하고 아이디어를 공유

하게 해야 합니다

물론 이러한 규칙적인 팀 작업에는 몇 가지 장애물이 있을 수 있습니다. 첫째는 시간입니다. 우리는 무슨 일이든지 빨리 완수하기 위해 경쟁합니다. 그냥 혼자 문 걸어 잠그고 스토리를 만드는 게 더 빠르다고 생각할 수도 있습니다. 하지만 성급한 아이디어는 늘 대개가 근시안적입니다. 정기적으로 스토리 코칭을 받는 사람들은, (코칭을 받은) 자신의 스토리가 더 탄탄하고 간결한 최종 결과로 귀결되어 실질적으로 시간이 절약된다는 사실을 깨닫게 됩니다. 이것은 반박할 수 없는 사실입니다. 정기적인 코칭은 사람들이 자신의 아이디어를 보다 효율적으로 구성하고 어필할 수 있게 해줍니다.

또 다른 장애는, 사람들이 자신의 충분히 숙성되지 않은 아이디어가 공개되는 것을 꺼려 한다는 것입니다. 그들은 자신의 생각이 틀렸거나 미숙한 아마추어처럼 보일까 봐 걱정합니다. 따라서, 진심으로 훌륭한 스토리텔러 문화를 육성하고자 한다면, 아이디어 공개에 대한 팀의 불안감을 완화하기 위해 할 수 있는 모든 노력을 기울여야 합니다.

관리자가 팀원들을 정기적으로 지도하고, 틀린 것에 대해 지속적으로 안심시킨다면, 팀은 서로 간에 편하게 코칭을 시작하게 될 것입니다. 그리고 이것은 더 위대한 성과……바로 '공통의 언어'로 이어집니다.

동료 간 코칭은 팀이 '스토리'로 말하도록 만듭니다

비즈니스 스토리를 혼자서 준비하고 전달하는 경우는 별로 없습니다. 그보다는 팀 프로젝트의 일환으로 덱과 전략을 공동 작업하는 경우가 많지요(《18장: 팀 프레젠테이션: 누가 무엇을 하나요?》를 참조하세요). 모든 팀원이 공통의 스토리 프레임워크와 (4가지 지표, 핵심 아이디어, 능동적인 헤드라인 같은) 약속된 용어들을 사용하고, 스토리의 기본 개념을 다 같이 공유할 때, 그 팀의 미션은 더할 나위 없이 쉬워집니다.

코칭을 하고 코칭을 받는 것은 스토리텔링을 유창하게 만들고, 향상된 팀 스토리텔링으로 이어집니다.

코칭은 정확히 어떻게 이루어지나요?

코칭은 조언보다는 사실 질문하기에 가깝습니다.

베스트셀러인 《좋은 리더가 되고 싶습니까? 충고보다는 질문으로 창조하는 새로운 코칭 습관The Coaching Habit, Say Less, Ask More & Change the Way You Lead Forever》에서 마이클 번게이 스태니어Michael Bungay Stanier는, 모든 코치의 가장 중요한 임무는 **이야기 이면의 것들을 질문하는 것**이라고 강조합니다.[2]

모든 사람이 훌륭한 코치로 타고나는 것은 아닙니다. 하지만 스토리를 이루는 논리와 가정에 대해 체계적으로 질문하는 법을 배우는 것은 그리 어렵지 않습니다. 스토리 코칭의 시작은 관리자부터! 자, 출발해 봅시다.

21장

관리자가 스토리텔링을 강화할 수 있는 5가지 방법

자, 관리자 여러분. 그리고 관리자가 될 분들까지! 바로 여러분에게 하는 이야기입니다. 여러분은 스토리텔링 문화를 주도하기 위해 자신부터 움직여야 한다는 것을 알았습니다. 여러분 자신이 코치의 본보기가 되고, 팀원 간에 서로를 코칭해 주도록 격려해야 합니다. **결코 만만한 일이 아닙니다.** 따라서 여러분의 역할을 좀더 명확히 하기 위해, 여러분이 바로 시작할 수 있으며, 스토리텔링과 스토리 코칭 문화를 함께 강화할 수 있는 5가지 효과적인 방법을 정리해 보겠습니다.

1. 그들의 청중이 누구인지를 강조합니다

제품 시연과 같이, 수없이 반복되는 비슷한 이야기를 하더라도 청중의 구성은 극적으로 달라질 수 있습니다. 아마도 수많은 분야에서, 서로 다른 역할을 수행하는, 다양한 직급의 사람들이 올 겁니다. 관리자가 스토리텔러를 잘 코칭하기 위한 방법 중 하나는, 그들이 마주할 청중을 신중하게 고려하여, 그 특별한 청중에게 부합하도록 스토리를 조정했는지 확인하는 것입니다.

2. 스토리텔링의 기회는 어디에나 있다는 것을 상기시킵니다

일단 팀이 전형적인 스토리텔링 구조를 익히고, 비즈니스 스토리에 적용하는 방법을 터득하게 되면, 실제로 사용할 기회는 무궁무진합니다. 특별히 비즈니스 스토리텔링에 익숙하지 않은 팀원들이 있다면, 관리자는 그들이 모든 형태의 커뮤니케이션에 이 프레임워크를 적용하도록 독려해야 합니다. 이메일이나 마케팅 자료, 전화 통화 또는 엘리베이터 피칭까지 모든 것이 해당됩니다.

관리자들이 이러한 기회를 지적해줄 때마다, 팀원들의 인식 강화와 스토리텔링 문화 구축에 도움이 될 것입니다.

3. 동료 간 코칭을 지속하도록 장려합니다

관리자는 동료 간 코칭의 모델을 만들고, 스토리 구축 프로세스에 적용하기 위해 최선을 다해야 합니다. 어떻게 시작하면 좋을까요? **공식화하세요.** 동료 코칭 파트너를 지정해 주거나 또는 팀원들이 직접 선택하도록 합니다.

이 훈련을 더욱 강화하려면, 팀 회의에서 코칭의 결과를 공유하도록 합니다. 다음 질문을 사용하세요.

✓ 코칭에서 어떤 질문들을 했는가?

✓ 코칭 세션이, 처음부터 끝까지 스토리를 어떻게 변화시켰는가?

✓ 스토리의 최종 성과는 무엇인가?

이것은 동료 간 코칭의 진가를 모든 사람에게 보여줄 수 있는 최고의 방법입니다. (자세한 내용은 〈22장: 제자리에, 준비, 코치! 동료 간 스토리 코칭을 위한 5가지 팁〉을 참고하세요.)

4. 높은 기준을 설정합니다 (단, 실제 승진 기회 보장과 함께)

관리자는 이 메시지를 분명히 해야 합니다. 스토리텔링 훈련은 훌륭한 기술을 쌓는 연습이지만, 궁극적인 목표는 **가시적으로 비즈니스 성과를 개선**시키는 것입니다. 팀 작업의 목표를 높게 설정함으로써, 팀원들이 명확하고 가시적인 결과를 목표로 삼아 스토리에 도전하도록 해야 합니다. 스토리는 언제나 목표 달성을 위해 구축되어야 합니다.

5. 공식적인 스토리텔링 교육을 고려합니다

진심으로 스토리텔링 문화의 확산을 독려할 생각이라면, 팀이 **공식적인 교육을
이수**하도록 해야 합니다. 교육은 팀이 함께 전략을 익히고, 질문을 하고, 동료 간 코칭과
전문 코칭을 통해 학습 내용을 업무에 즉시 활용할 수 있게 하는 효과적인 방법입니다.
또 훌륭한 트레이너라면 거기서 끝이 아니라, 사람들이 학습한 후에도 지속적으로
훈련할 수 있도록 강력한 훈련 도구를 제공해 줄 것입니다.

요점은...

스토리는 회사의 목표와 여러분의 경력에 도움이 됩니다

팀원들에게 스토리텔링을 독려할 또 다른 방법이 필요하다면, 여기 보너스가 있습니다.

그들에게, 이러한 기술은 팀과 회사의 목표 달성에 도움이 될 뿐만 아니라, 개인적으로는
역할 증진과 경력 향상에 도움이 된다는 사실을 상기시켜 주세요. 관리자에게는
팀원을 지도하고, 그들이 스토리텔링 전문가가 되어 자신 있게 '회의실을 장악하는'
법을 알아가는 것만큼 만족스러운 일은 없습니다.

관리자는 팀의 스토리텔링 기술 발전에 지대한 영향을 미칠 수 있지만, 여러분은
궁극적으로 그보다 더 막대한 영향을 미치는 사람이 누구인지 아실 겁니다.
바로 팀원들 자신이지요. 그들 서로에게 말입니다.

스토리텔링 기술을 폭발하게
하는 것은 팀 동료들이
서로에게 해주는
일상적인 코칭입니다

22장

제자리에, 준비, 코치!
동료 간 스토리 코칭을 위한 5가지 팁

이제 모두 아시다시피, 스토리텔링은 코칭이 주도하고, 코칭은 관리자부터 시작됩니다. 하지만 관리자가 늘 팀 전체를 지도할 수는 없습니다. 스토리텔링 문화의 기반은 동료 간 코칭입니다.

동료 간 코칭은 3가지 중요한 방식으로 조직 내에서 스토리텔링을 촉진합니다. 첫째, **팀원 각자에게 아이디어를 시험해 볼 수 있는 꽤 유용한 파트너를 제공합니다.** 우리는 흔히, 혼자 일하면서 다른 이들의 자문을 구하지도 않고, 바쁜 관리자에게 피드백을 요청하는 것도 주저합니다. 그러나 친밀한 동료 간 코칭 환경에서는, 동료가 내 스토리의 초안을 검토하는 것이 그저 스토리 훈련 과정의 일환이기 때문에 누군가의 시간을 '빼앗을' 거라는 우려를 떨쳐버릴 수 있습니다.

둘째로, **팀 동료들은 메시지에서 벗어나지 않도록 서로를 지켜볼 수 있습니다.** 그들은 추가된 사실, 데이터, 아이디어가 스토리를 강화하기 위해서 어디에 위치해야 하는지, 요점을 벗어난 과도한 정보가 어디에 있는지 파악하도록 빠르게 도와줄 수 있습니다.

마지막으로, **동료 코치는 사실, 데이터, 아이디어가 스토리 구조에 적절하게 배치됐는지 판단하는 데 도움이 됩니다.** 그들이 하게 될 질문에는 4가지 지표, 핵심 아이디어, 능동적인 헤드라인, 그리고 스토리를 강화할 수 있는 모든 조치가 포함됩니다.

다음은 동료 코치의 5가지 기본적인 질문들입니다

앞서 〈20장: 스토리 코칭 문화 조성하기〉에서 말했듯이, 동료 간 코칭을 위해서는 먼저 관리자가 모델을 만들고, 이를 따르도록 격려해 주어야 합니다. 다행스럽게도, 팀원의 아이디어를 책임지고 지켜주도록 도와줄 몇 가지 예리한 질문들 덕택에, 누구든 동료를 코칭할 수 있습니다.

1. 스토리가 4가지 지표 각각을 확실하게 묘사하고 있나요?

여기에서는 가장 단순한 스토리 프레임워크가 실로 도움이 됩니다. 이것을 로드맵 삼아, 동료의 스토리가 전형적인 스토리 구조에 얼마나 충실한지 쉽게 '체크'할 수 있습니다.

우선, 이야기의 배경이 실제로 맞는지 확인하는 것으로 시작합니다.

배경

    ✓ 청중의 세계를 구체적인 사실로 묘사하고 있는가?

    ✓ 그들이 주목하는 시장/회사를 역학적으로 설명하고 있는가?

등장인물

등장인물을 제대로 정의하고 있는지 확인합니다.

    ✓ 청중을 명확하게 대변하는 의미 있는 인물이 등장하는가?

    ✓ 등장인물이 직면한 문제는 실제로 청중이 관심을 갖는 문제인가?

이야기가 실제적인 갈등을 다루는지 확인합니다.

- ✓ 갈등이 청중의 문제를 이해하고 있음을 보여주는가?

- ✓ 갈등이 등장인물(즉, 청중)이 처한 상황을 설명하는가?

- ✓ 갈등이 '그러나', '하지만' 또는 '더 심각한 것은…'과 같이, 명백하게 긴장을 내포한 문구로 시작하는가?

마지막으로, 이야기의 해결책이 실제로 갈등을 해결하는지 확인합니다.

- ✓ 해결책이 만족스러운가?

- ✓ 해결책이 세부 사항을 충분히 다루고 있는가? 또는 지나치게 세부적인가?

- ✓ 해결책의 실행 결과로, 핵심 아이디어의 궁극적인 이득을 누릴 수 있다고 보증하는가?

이제 핵심 아이디어로 넘어갑니다.

2. 간결하고 기억에 남는 핵심 아이디어가 있나요?

코치로서, 동료가 핵심 아이디어를 명확하게 정립하도록 돕는 것은 여러분이 해줄 수 있는 가장 중요한 역할입니다. 탄탄한 핵심 아이디어는 스토리 프레임워크의 핵심이자, 가장 우선적으로 구축해야 될 요소입니다. 다음 질문들로 그들이 확실하게 '체크'하도록 도울 수 있습니다.

핵심 아이디어

✓ 동료가 핵심 아이디어가 무엇인지, 그리고 구체적인 이득BENEFIT이 무엇인지 잘 설명하고 있는가?

✓ 스토리에 포함된 사실, 데이터, 아이디어가 핵심 아이디어를 직접적으로 뒷받침하는가?

✓ 긴 문장의 핵심 아이디어를 인상적인 사운드바이트로 만들 수 있는 방법은 없는가?

팀을 위한 팁: 팀이 함께 스토리를 구축할 때는, 핵심 아이디어부터 초기에 합의를 이끌어 내는 것이 최우선입니다. 누군가 이전에 사용한 슬라이드나 관련성이 있을 수 있는 데이터를 끌어들이고 싶은 마음이 생기기 전에 말입니다. 핵심 아이디어를 중심으로 협업하게 되면, 앞에서 이야기한 프랑켄데크의 재앙을 방지할 수 있습니다. (《9장: 스토리를 시각화하는 5가지 검증된 방법》을 참조하세요.)

3. 해결책이 핵심 아이디어를 뒷받침하나요?

해결책은 이야기의 결론에 해당합니다. 그러나 해결책의 핵심이 되는 세부 사항으로 들어가다 보면 자칫 스토리가 탈선하기 쉽습니다. 세부 해결책(제품의 기능, 출시 일정, 또는 제안한 소프트웨어 개발 공정 등등)들이 스토리의 발목을 잡지 않도록 적절하게 편집하는 것이 중요합니다. 동료의 스토리가 이탈하지 않게 하려면, 그들이 **해결책으로 제시할 정보의 수위를 조절하도록 코칭해야 합니다.** 그들에게 물어보세요.

✓ 청중이 합리적인 결정을 내릴 수 있을 만한 충분한 세부 정보가 있는가?

✓ 청중이 더 많은 것을 요구할 경우에 대비하여, 더 많은 세부 정보가 준비되어 있는가?

해결책

✓ 해결책의 모든 세부 사항이 핵심 아이디어를 받쳐주는가?

코치로서 여러분이 할 수 있는 가장 큰 역할은 편집자입니다.

이렇게 조언해 주세요. **과유불급, 즉 디테일이 적을수록 좋을 때가 있다고요.** (더 많은 준비는 항상 필요하긴 하지만요.)

스토리를 늘어지게 만드는 부차적인 디테일들은 잘라내도록 도와주세요. 그러나 여러분이 그들을 코칭할 때는, 반대로 청중의 편에 서서 더 많은 질문을 던짐으로써, 임원이나 주요 관계자의 공격적인 질문들에 대응할 준비가 됐는지 확인해야 합니다. 끝도 없이 파고드는 청중을 위해서는 미리 숨김 슬라이드나 별도의 유인물을 준비해둘 필요가 있습니다.

4. 스토리의 헤드라인들이 연결되어 흘러가나요?

코치님, 독서 시간입니다. 스토리를 검토할 때는, 여러분의 동료가 처음부터 끝까지 헤드라인들을 얼마나 적절하게 구사했는지 판단합니다. 그리고 질문하세요.

헤드라인

✓ 새로 등장하는 각 헤드라인들이 이전의 헤드라인을 기반으로 하고 있는가?

✓ 모든 헤드라인이 스토리를 진전시키는 전환의 역할을 하고 있는가?

✓ 헤드라인들이 흐르듯 연결되고 대화체로 들리는가?

〈7장: 능동적인 헤드라인으로 스토리를 진전시키세요〉에서 말한 대로, 헤드라인을 테스트하는 좋은 방법 중 하나는 큰 소리로 읽어 보는 것입니다. 다시 강조하지만, 헤드라인 자체만으로도 스토리가 성립되어야 합니다.

5. 달리 어떤 것들이 스토리를 개선할 수 있을까요?

동료 간 코칭의 이 마지막 질문은 약간 불필요하게 느껴질 수도 있습니다. 동료가 스토리 구조를 정확하게 파악하고 있고, 모든 요소가 핵심 아이디어를 강조하며, 능동적인 스토리 헤드라인들이 전부를 잘 이끌어 나갑니다. 여기에, 다른 할 일이 더 있을까요? 네! 많습니다.

좋은 스토리와 '위대한' 스토리의 차이를 만들기 위해 동료가 더욱 노력하도록 돕는 것 역시 코치의 역할입니다. 그들에게 이렇게 생각해 보도록 귀띔해 주세요.

좋은 것에서
위대한 것으로

✓ 좀더 기억에 남는 여정으로 청중을 이끌기 위해 강조할 만한 아이디어, 데이터 또는 통찰이 있는가?

✓ 스토리를 너무 늘어지게 만드는 부분이 있는가? 동료가 그 부분을 잘라냈을 때 스토리가 더욱 예리해질 수 있는가?

✓ 동료가 설명하기 힘들어 하는 부분이 있는가? 있다면 지금이 바로 스토리를 확실히 정리할 때이다.

이 방법은 결코 실패하지 않습니다. 스토리가 아무리 견고해 보여도, 더 높은 수준으로 끌어올릴 방법은 언제나 존재하기 때문입니다. 늘 서두르는 우리 세계에서 이 마지막 단계는 생략되기 일쑤입니다. 바로 조언해 주면 되지 않냐고요? 여유를 갖고 기다리세요. 총체적인 시각으로 스토리를 관찰하고, 최종적으로 수정할 몇 가지를 동료 스스로 찾아내도록 돕는다면, 지금의 좋은 스토리를 위대한 스토리 반열에 끌어올릴 수 있을 것입니다.

> **요점은...**
>
> 동료 간 코칭은 스토리텔링 문화를 융성하게 만듭니다. 팀원들은 서로의 메시지를 지켜보고, 그들이 선택한 사실과 데이터가 메시지를 어떻게 받쳐주는지 깨달을 수 있게 도와줍니다. 4가지 지표, (해결책이 뒷받침하는) 견고한 핵심 아이디어, 능동적인 스토리 헤드라인을 서로가 체크해 줌으로써 팀 전체의 스토리가 질적으로 눈에 띄게 향상될 수 있습니다.

정·리·합·시·다

코칭이 스토리텔링을
이끌어 갑니다

스토리텔링의 확산은 리더가 모델화하고, 동료 간에 훈련된 코칭 문화에서 시작해,
이윽고 팀의 일상적인 프로세스로 자리 잡는 형태로 이루어져야 합니다. 모든 것은 전적으로,
스토리텔링 프레임워크에 관한 팀 공통의 이해에 달려 있습니다.

1

코칭 프로세스

관리자는 직접 코칭하는 것은 물론, 팀이 서로의
스토리를 공유하고 질문하도록 독려함으로써, 코칭
문화를 주도하고 또한 강화해야 합니다. 코칭이 스토리
구축 프로세스의 일부로 고정되어야 합니다.

2

관리자를 위한 팁

관리자는 당장에라도 스토리텔링을 5가지 방법으로
지지할 수 있습니다. 대상 청중을 명확하게 설정하도록
도와주고, 다양한 스토리텔링 기회를 지적해 주고,
동료 간 코칭을 권장하며, 명확한 (그리고 높은) 기준을
설정하고, 공식적인 스토리텔링 교육을 도입하는
것입니다. 관리자들은 훌륭한 스토리텔링이 각자의
경력 발전으로 이어지도록 해야 합니다.

3

팀원을 위한 팁

동료 간 코칭을 위해서는 친근한 환경에서 질문이 오갈
수 있어야 합니다. 서로의 메시지를 지켜보고, 동료가
(4가지 지표, 핵심 아이디어, 능동적인 헤드라인들의
연결이 포함된) 스토리 프레임워크를 엄격하게 준수하고
있는지 확인함으로써, 명확하고 간결한 스토리를
구축하도록 도와야 합니다.

자매의 마지막 한마디

마침내 전부 해내셨네요. 여러분은 이 책의 끝자락에 서 있지만, 스토리텔링이라는 여정은 이제 막 시작했습니다. 이것이 여러분의 아이디어에 (물론 경력에도) 추진력을 실어줄 것입니다. 책을 덮기 전에 마지막으로, 여러분이 챙겨 갈 것들에 대해서 빠르게 기억을 되살려 보겠습니다.

- 여러분은 간단하면서도 언제든지 재사용할 수 있는 스토리 프레임워크라는 무기(여기에 포함된 능동적인 헤드라인과 필수적인 시각화 기술도 함께)를 사용해서 여러분의 아이디어를 조직화하고 가장 우위에 둘 수 있습니다.

- 갑자기 줄어든 발표 시간, 제각기 다른 니즈를 가진 청중들, 또는 가상 환경에 맞는 스토리 조정과 같이, 변화무쌍한 시나리오에 걸맞는 스토리로써 융통성 있게 대처하는 방법을 배웠습니다.

- 경력을 발전시킬 수 있는 확실한 길에 진입하셨습니다. 왜냐하면 여러분은 이제, 일상의 커뮤니케이션에서 쉽고 일관되게 스토리 아크story arc를 만드는 방법을 터득했기 때문입니다. 여러분이 만들어 내는 결과물이 많아질수록, 의사 결정권자들이 여러분의 아이디어를 경청하도록 더욱 능숙하게 통제할 수 있을 것입니다.

이 책은 비즈니스 스토리 구축을 위한 필수 가이드일 뿐만 아니라, 현장의 스토리텔링 프레임워크를 보여주는 10여 개의 실제 비즈니스 시나리오 자료(프레젠테이션, 이메일, 한페이지 문서 등)이기도 합니다.

이론을 바탕으로 하되
실용성으로 무장한 이것,
여러분이 매일 사용할 수 있는
프레임워크입니다.

우리는 알고 있습니다. 온갖 소음과 장애, 그리고 때론 엄청난 사람들 앞에서 여러분의 아이디어를 말하는 것이 얼마나 부담스러운 일인지 말이에요. 우리는 20년 이상, 수천 명의 재능 있고 똑똑한 사람들을 교육했습니다. 여러분은 이 책의 '이전 스토리'를 보면서, 자신의 최근 프레젠테이션이나 이메일의 모습을 발견하고 뜨끔했겠지만, 사실 괜찮습니다. 여러분만 그런 것이 아니니까요. 워크숍에서 우리는, 전후 스토리에 대한 (보통은 감정적인) 반응을 보게 됩니다. 세계 최고의 포춘지 선정 500대 기업 팀도 똑같은 말들을 합니다. "정말로, 당신이 지적한 모든 실수를 다 했어요.", "웃어야 할지 울어야 할지 모르겠네요.", "(한탄스럽게) 달리 방법을 가르쳐준 사람이 없었어요."

우리도 잘 압니다. 모두가 재빨리 움직이고, 재빨리 보여주어야 합니다. 우리는 보통 '빠르게 수정'할 콘텐츠를 가져와서 만지작거리는 것을 기본으로 하고 있지요. 해묵은 슬라이드나 동료한테서 빌린 차트들, 또는 마케팅 팀에서 예쁜 것들을 슬쩍 하기도 합니다. 그리고는 결국 프랑켄데크라고 불리는, 글머리 기호들과 읽기 힘든 데이터, 뒤죽박죽이 된 메시지로 가득 찬 혼란스러운 무엇인가로 끝을 맺게 됩니다. 청중은 그들이 무엇을 알아야 하는지, 무엇을 해야 하는지 알 길이 없습니다. 명확한 행동 지침도 없습니다. 대화는 이미 차갑게 식었습니다. **이 프랑켄데크로 인한 기회 손실은 헤아릴 수도 없습니다.**

모두 동의하나요? #프랑켄데크이제그만

이렇게 혼란스러운 메시지로 가득한 슬라이드 자료나 이메일, 제안서들이 난무하고 있지만, 개선책을 교육하는 기업은 거의 찾아볼 수 없습니다. 이것이, 우리가 친애하는 생산 관리자(또는 영업 사원, 데이터 엔지니어) 분들에게 이 책을 권하는 이유입니다. 더 이상, 갈피를 못 잡는 메시지, 종잡을 수 없는 데이터는 없어야 합니다. 더 이상 기회를 놓쳐서는 안 됩니다.

여러분에게는 이제 과제가 있습니다. 여러분이 하는 모든 비즈니스 커뮤니케이션에 이 프레임워크를 사용하여, 목표 의식과 전략을 가지고 접근하시기 바랍니다. 다른 연습과 마찬가지로, 이 '훈련'을 통해 더 능숙하고 막강한 스토리텔러가 될 수 있습니다. 머지않아 여러분은, 날이면 날마다 어디에서든, 여러분의 아이디어를 스토리 아크로 만들 기회를 발견하게 될 것입니다.

달리 방법을 가르쳐주는 사람이 없었다고요? 이제 보여드렸습니다. 여러분은 방금 '일상적인 비즈니스 스토리텔링'이라는 여정을 출발하셨습니다.

전진하세요!

Onward!

Janine Lee

감사의 글

매일의 비즈니스 스토리텔링을 현실로 만들어준 우리 삶의 모든 놀라운 이들에게 특별히 감사드립니다.

줄리아 피카: 우리의 (더 나은) 쓰여진 목소리
베키 넬슨: 미술 기획 및 삽화
줄리 터버그: 시각 디자인
다렌 루이스&히사코 에사키: 스토리 개발
키타 보드머: 저자 사진

이 책의 비전을 실현하는 데 결정적인 역할을 한 TPC의 '직장 가족'을 소개합니다.
로렌 커이켄덜: 마케팅 전문가
찰리 존스턴: 아주 탁월한 프로젝트 매니저

우리의 멘토와 영웅들께
톰 플로이드, 항상 우리를 믿어 주고, '파워포인트 감옥'에서 탈출시켜 주고, '프랑켄데크Frankendeck'와 '실수투성이hot mess'를 우리의 일상 어휘에 소개해 준 데 감사드립니다.
마이클 스트립랜드, "안 돼"라고 말할 용기를 주셔서 감사드립니다.
니키 보튼, 초년생 시절 우리를 안내해 준 데 감사드립니다.
마이클 비글로우, 우리의 초창기 팬이 되어 주셔서 감사드립니다.
로렌 골드슈타인, 우리의 '비공식' 조언자이자 사교의 여왕이 되어 주셔서 감사드립니다.
란다 브룩스, 든든한 멘토이자 우리 비즈니스의 재정 성장을 이끄는 힘이 되어주신 데 감사드립니다.
이안 게이츠, 항상 우리 것을 지키도록 도와주심에 감사드립니다.

부모님께
우리에게 인생과 직장에서 어떻게 '등장'할 수 있는지 보여주고, 자매애라는 선물을 주심에 감사드립니다.

우리 아이들에게
제이콥, 조이, 아바, 해들리, 리암. 너희들은 우리의 북극성이야. 매일매일 최선을 다해 일할 수 있도록 격려해 주고, 인생에서 가장 좋은 것을 선물해 주어서 진심으로 감사하단다.

우리 남편들에게
하워드와 사이먼. 처음부터 지금까지 우리 자매의 '돌음'(!)을 참아 주어서 고마워요. 당신들은 우리의 테스터이자 제정신 점검자, 그리고 가장 위대한 치어리더로서 비즈니스와 가족 모두를 함께 키워 왔지요.

우리 언니에게
리, 언니는 나의 GPS 로드맵이야. 언니가 없으면 난 길을 잃을 거야. 인생에서도, 사업에서도.   -재닌

우리 동생에게
재닌, 이 책은 너와 함께 시작하고 끝이 나. 너의 비전, 열정 그리고 창조성이 우리를 이 순간으로 이끌었고, 나는 네가 중심에 없는 내 일과 삶을 상상할 수도 없어.   -리

저자에 관하여 | JANINE KURNOFF | LEE LAZARUS |

재닌 커노프Janine Kurnoff와 리 라자루스Lee Lazarus는 실리콘밸리에서 나고 자란 자매(현재는 포틀랜드 거주)로, 전 세계 톱 브랜드에 있는 수백 개의 팀이 전략적인 시각 소통자가 되는 것을 도왔습니다. 재닌과 리는 2001년 더 프레젠테이션 컴퍼니The Presentation Company, TPC를 공동 설립했으며, 한 번도 물러선 적이 없습니다.

재닌은 열정적이고, 선견지명이 있는 수석 건축가로, 여러 차례 수상한 바 있는 'TPC 워크숍'을 이끌고 있습니다. 리는 고객의 사고방식을 '가져가는' 마케팅과 영업의 달인이며, 트렌드를 가장 먼저 발견하는 사람입니다. 그 결과가 어떻냐고요? 완벽을 위해 끊임없이 혁신하고 노력하는 강력한 팀입니다.

비하인드 스토리

더 프레젠테이션 컴퍼니를 설립하기 전에, 재닌은 야후Yahoo! Inc.에서 영업 교육을 담당했고, 나중에는 실리콘밸리의 최고 CEO들과 시장 전략가들, 할리우드 유명 인사들을 인터뷰하는 웹캐스트 진행자로 활동했습니다. 그녀는 몬터레이 국제학 연구소에서 국제 경영 MBA를 수료했습니다. 재닌은 뛰어난 기조연설자이기도 하며, 자신의 전문지식을 《포브스Forbes》, 《트레이닝 인더스트리Training Industry》 등 각종 잡지에 기고하고 있습니다.

리는 실리콘밸리에서 가장 빠르게 성장하고 있는 인터넷과 통신 시장조사 회사 두 곳을 위한 브랜딩, 마케팅 커뮤니케이션, 홍보 전략 개발을 하며 10년을 보냈습니다. 그녀는 보스턴 대학의 유명한 커뮤니케이션 칼리지에서 학사 학위를 받았습니다.

여가 시간에는

재닌은 대부분 발레 교실에서 에너지 넘치는 세 아이를 쫓거나, 남편과 함께 절실히 필요했던 데이트를 즐기는 것을 볼 수 있습니다. 리는 엄청난 운동중독자인 한편(반가워, 버피!), 두 10대 자녀와 요리하거나, 기르는 카바푸 개를 껴안거나, 남편과 경관 좋은 길에서 긴 드라이브를 하는 것도 매우 좋아합니다.

역자에 관하여

《진화를 묻다》,《아빠와 놀이실험실》,《보글보글 STEAM이 넘치는 초등 과학 실험 50》 등을 번역했고, 직접 찍은 사진집《Wild flowers in Korea》(E북)를 펴내기도 한 역자 이미경은 색다른 경력을 가진 번역가입니다. 그녀는 여러 삶의 지평을 누비며 매 장면마다 기쁨을 발견해 왔습니다.

비포 스토리

이미경은 국내 컴퓨터그래픽 1세대 주자로 커리어를 시작했습니다. 불모지에서 과감하게 창업을 감행하여 회사를 꾸려가던 그녀는, 1996년 KBS 특수영상제작부에 입사하게 됩니다. 그렇게 20여 년간 〈불타는 황룡사〉를 비롯한 역사, 의학, 자연 등 다양한 장르의 다큐멘터리와 가상 스튜디오, 200부에 달하는 대하사극 〈대조영〉 등에서 특수영상을 담당하며, 초창기 방송 F/X의 퀄리티를 끌어올리는 데 기여했습니다.

실사에 합성할 F/X 작업을 위해 그녀는 컴퓨터 작업에만 그치는 것이 아니라, 촬영 현장에서 몸소 대형 크레인에 올라가곤 했습니다. 연출가, 촬영감독, 작가, 배우들과 회의 테이블에서 CG 장면들을 프레젠테이션하며 논쟁을 마다하지 않았고, 대규모 3D 팀을 진두지휘하던 저돌적인 커리어 우먼이었습니다.

애프터 스토리

그러나 오랜 삶의 여정을 지나온 현재 그녀는 자연과 사람들을 주제로 사진 찍기를 즐기는 '사진 작가'로서, 카메라를 메고 종일 걸으며 명상을 즐기는 사색가의 모습입니다. 물론 여전히 이학박사인 남편 김태완과 함께 방송기술 회사를 운영하는 등, 방송인으로서의 정체성도 잃지 않고 있습니다.

전원과 드럼의 매력에 심취하여 경기도 가평에 전원주택과 사옥을 짓고 정착했으며, 그곳에서 자연을 벗삼아 지내며 틈틈이 자연과학 서적이나 아이들을 위한 과학 실험 도서를 번역하고 있습니다.

미주 & 이미지 출처

이 책에 등장하는 가상 회사들, GO손해보험^{GO Insurance}, 바스티온 모바일^{Bastion Mobile}, 너바나테크^{Nirvana Tech}, 하모니헬스^{Harmony Health}, 퀀텀 항공^{Quantum Airlines}, 런포워드^{LearnForward}는 모두 더 프레젠테이션 컴퍼니^{TPC}가 독자 개발한 실제 비즈니스 스토리의 예시들입니다. 기밀 유지를 위해 모든 회사 이름, 회사 배경 정보, 회사 데이터 및 업계 사실은 허구이며, 오직 학습 목적으로만 사용됩니다.

PART 1

1장

1. 로저 스페리, 〈좌뇌와 우뇌(Left-Brain, Right-Brain)〉, 《Saturday Review》(9. 8. 1975): 30-33쪽.

2장

1. 게리 클라인, 《통찰, 평범에서 비범으로(Seeing What Others Don't: The Remarkable Ways We Gain Insights)》(24. 3. 2015): 22쪽.

PART 4

12장

1. https://www.mckinsey.com/industries/technologymedia-and-telecommunications/our-insights/the-socialeconomy#by 2019년 HBR 기사 https://hbr.org/2019/01/how-to-spend-way-less-time-on-email-every-day

PART 5

19장

1. 엘스 반 더 헬름 박사는 세계 최고의 수면 전문가이자 슐립Scleep의 CEO입니다. 슐립은 디지털 수면 코칭 플랫폼을 통해 직원 복지를 향상시킴으로써 기업의 건강 증진에 힘쓰고 있습니다.

PART 6

20장

1. 버신 & 어소시에이츠, 〈High-Impact Performance Management: Maximizing Performance Coaching〉(14. 11. 2012)

2. 마이클 번게이 스태니어, 《좋은 리더가 되고 싶습니까? 충고보다는 질문으로 창조하는 새로운 코칭 습관(The Coaching Habit: Say Less, Ask More & Change the Way You Lead Forever)》(29. 2. 2016): 12쪽

이미지 출처

4&276쪽	저자 사진, 키타 보드머(Kitta Bodmer)
8~14쪽	〈뇌과학자들을 만나보세요: 로저, 안토니오, 이언, 존〉, 베키 넬슨(Becky Nelson)
10쪽	〈우뇌와 좌뇌〉, 베키 넬슨(Becky Nelson)
30쪽~	4가지 지표, 터버그 디자인 LCC(Terberg Design LLC)
40쪽	〈현재 상황&기회/더 나은 미래〉, 베키 넬슨(Becky Nelson)
56쪽	GO손해보험 로고, 터버그 디자인 LCC(Terberg Design LLC)
83쪽	〈프랑켄데크는 공포스러워요!〉, 베키 넬슨(Becky Nelson)
110쪽~	하모니헬스 로고, 터버그 디자인 LCC(Terberg Design LLC)
118쪽~	〈Waiting〉, 트래비스 와이즈(Travis Wise) CC BY 2.0 라이선스
118쪽~	〈Waiting room at eye doctor〉, 데이브 와이너(Dave Winer) CC BY-SA 2.0 라이선스
118쪽~	〈Medical HDR〉, 마티아스 가라베디안(Matias Garabedian) CC BY-SA 2.0 라이선스
118쪽~	〈waiting.....〉, 케이트 터 하(Kate Ter Haar) CC BY 2.0 라이선스
118쪽~	〈Doctor's Office, Waiting Room〉, 컨슈머리스트 닷 컴(Consumerist Dot Com) CC BY 2.0 라이선스
118쪽~	〈Waiting Room〉, 더 킵스터(the kirbster) CC BY 2.0 라이선스
128쪽~	퀀텀 항공 로고, 터버그 디자인 LCC(Terberg Design LLC)
150쪽	런포워드 로고, 터버그 디자인 LCC(Terberg Design LLC)
160쪽	〈업무보고의 영웅〉, 베키 넬슨(Becky Nelson)
224쪽	〈묶음이 있는 랜딩 페이지〉, 베키 넬슨(Becky Nelson)
228쪽~	〈팀 스토리텔링: 마르코, 찰리, 미첼, 로라〉, 베키 넬슨(Becky Nelson)
241쪽	〈설문 조사〉, 베키 넬슨(Becky Nelson)

찾아보기